马克思主义
方法论的创新与发展研究

戴逢国 ◎著

MAKESI ZHUYI
FANGFALUN DE CHUANGXIN YU FAZHAN YANJIU

知识产权出版社
全国百佳图书出版单位
—北京—

图书在版编目（CIP）数据

马克思主义方法论的创新与发展研究/戴逢国著. —北京：知识产权出版社，
2024.2

ISBN 978 - 7 - 5130 - 9318 - 7

Ⅰ.①马…　Ⅱ.①戴…　Ⅲ.①马克思主义哲学—方法论—研究②马克思主义—发
展—研究—中国　Ⅳ.①B026②D61

中国国家版本馆 CIP 数据核字（2024）第 043890 号

责任编辑：兰　涛　　　　　　　　　责任校对：谷　洋
封面设计：春天书装　　　　　　　　责任印制：孙婷婷

马克思主义方法论的创新与发展研究

戴逢国　著

出版发行：知识产权出版社有限责任公司	网　　址：http：//www. ipph. cn
社　　址：北京市海淀区气象路 50 号院	邮　　编：100081
责编电话：010 - 82000860 转 8325	责编邮箱：lantao@ cnipr. com
发行电话：010 - 82000860 转 8101/8102	发行传真：010 - 82000893/82005070/82000270
印　　刷：北京建宏印刷有限公司	经　　销：新华书店、各大网上书店及相关专业书店
开　　本：787mm×1092mm　1/16	印　　张：10
版　　次：2024 年 2 月第 1 版	印　　次：2024 年 2 月第 1 次印刷
字　　数：152 千字	定　　价：68.00 元

ISBN 978 - 7 - 5130 - 9318 - 7

　　本书由海南省高等学校教育教学改革研究项目（Hnjg2022 -34）、海南省马克思主义理论研究和建设工程专项课题（2021HNMGCWT07）、海南师范大学马克思主义理论学科建设资助出版

目　录

第一章　方法论与马克思主义方法论 ………………………… 1

1.1　方法与方法论 ……………………………………………… 1

  1.1.1　方法 ……………………………………………………… 1

  1.1.2　方法论 …………………………………………………… 2

1.2　马克思主义方法论 ………………………………………… 3

  1.2.1　根本方法 ………………………………………………… 4

  1.2.2　基本方法 ………………………………………………… 4

  1.2.3　哲学社会科学方法 ……………………………………… 4

第二章　批判分析方法 ………………………………………… 7

2.1　马克思主义批判理论 ……………………………………… 9

  2.1.1　马克思的批判精神 ……………………………………… 9

  2.1.2　马克思的批判视域 ……………………………………… 11

2.2　新时代斗争精神与方法 …………………………………… 41

  2.2.1　发扬斗争精神 …………………………………………… 42

  2.2.2　增强斗争本领 …………………………………………… 44

  2.2.3　讲究斗争方法 …………………………………………… 45

第三章　辩证分析方法 ………………………………………… 48

3.1　马克思主义辩证法 ………………………………………… 49

  3.1.1　批判继承黑格尔的辩证法 ……………………………… 50

  3.1.2　唯物辩证法的丰富发展 ………………………………… 53

3.1.3　唯物辩证法的深化完善 ……………………………… 66

3.2　新时代辩证思维方法 ……………………………………… 72

3.2.1　总体布局和战略布局的系统理念 ………………… 73

3.2.2　新理念和高质量的发展观 ………………………… 76

3.2.3　新问题和新要求的矛盾论 ………………………… 80

第四章　历史分析方法 ………………………………………… 84

4.1　马克思主义历史观 ………………………………………… 84

4.1.1　马克思主义历史观的革命性变革 ………………… 84

4.1.2　马克思的历史"从后思索法" …………………… 85

4.1.3　逻辑与历史相统一的方法 ………………………… 86

4.2　新时代历史思维方法 ……………………………………… 90

4.2.1　树立大历史观探寻历史规律 ……………………… 90

4.2.2　以历史发展的眼光辩证地看待问题 ……………… 92

4.2.3　总结历史经验要坚持正确政治方向 ……………… 93

4.2.4　党的第三个历史决议贯穿历史分析方法 ………… 94

4.2.5　党的二十大报告体现的历史分析方法 …………… 99

第五章　规律分析方法 ………………………………………… 102

5.1　马克思主义规律论 ………………………………………… 102

5.1.1　唯物辩证法的"三大规律" ……………………… 102

5.1.2　"两个必然"的科学论断 ………………………… 103

5.1.3　"两个绝不会"的思想认识 ……………………… 104

5.2　中国化马克思主义规律分析法 …………………………… 106

5.2.1　社会主义建设规律 ………………………………… 106

5.2.2　人类社会发展规律 ………………………………… 115

5.3　新时代规律分析方法 ……………………………………… 117

5.3.1　推进党的建设新的伟大工程 ……………………… 117

5.3.2　把握社会主要矛盾的新转变 ……………………… 123

5.3.3　开拓人类社会发展的新视野 ……………………… 126

第六章　价值分析方法 ·· 130

　6.1　马克思主义价值论 ·· 131

　　6.1.1　尺度与属性 ·· 131

　　6.1.2　价值与事实 ·· 136

　　6.1.3　价值与评价 ·· 137

　　6.1.4　统筹兼顾的价值方法 ······································ 137

　6.2　新时代价值思维方法 ·· 139

　　6.2.1　坚持人民至上的价值观 ···································· 139

　　6.2.2　社会主义核心价值观的价值目标 ·························· 141

　　6.2.3　人类命运共同体的价值诉求 ······························ 142

附录　科学把握"第二个结合"的思维方法 ·························· 144

参考文献 ·· 148

后　记 ·· 150

第一章　方法论与马克思主义方法论

1.1　方法与方法论

1.1.1　方法

方法是一个汉语词汇，《现代汉语词典》中关于方法的释义是指解决思想、说话、行动等问题的门路、程序等，[①] 方法的含义比较广泛，在哲学、科学及生活中有着丰富的不同解释和定义。

据考证，战国时期墨子最早使用了"方法"的概念。《墨子·天志中》："是故，子墨子之有天之，辟人无以异乎轮人之有规，匠人之有矩也。""中吾矩者，谓之方，不中吾矩者，谓之不方。是以方与不方，皆可得而知之。此其故何？则方法明也。"[②] 墨子在强调"天志"，即上天的意志时认为，天志就像制轮的人有圆规、木匠有方尺一样，可以量度天下圆与不圆。此处的"方"指的是形状，"法"强调的是规则，这就是"方法"的最初来源。可见，最初的方法和圆法并没有一定之规，都是从木工的实践活动中总结出来的，只要按照一定度量的规和矩去操作，做事效果

---

① 中国社会科学院语言研究所词典编辑室. 现代汉语词典［M］. 第 6 版. 北京：商务印书馆，2012：365.

② 何长久，译注. 墨子［M］. 西宁：青海人民出版社，2004：116.

— 1 —

就十分明显，因此，从古至今，中国人认识问题和处理问题都善于讲究方法。在汉语的话语体系中，方法往往与手段、路径、法则等混同或搭配使用，日常生活用语一般不做严格区分，但在学术研究、书面表达、政策文件等方面是要规范使用的。

1.1.2 方法论

方法论是一个组合词，由"方法"和"论"组成，即关于方法的理论，所谓"方法的理论"是把"方法"作为研究对象，研究"方法"的理论依据、样态表征、实践效用，以及内在逻辑等。随着社会实践活动的持续深入，科学的诞生和进步，人类的思维能力不断提升，思维方法或思想方法得以生成和发展。

在西方思想史上，古希腊哲学亚里士多德的《工具论》被誉为方法论的"萌芽之作"。亚里士多德使形式逻辑从哲学、认识论中分化出来，形成了一门以推理为中心，特别是以三段论为中心的独立的科学——形式逻辑学，亚里士多德被称为"逻辑学之父"。然而，《工具论》的学术价值绝不仅在于逻辑学价值，而且在于更广义上的方法价值，并总结了很多关于论证、反驳谬误和诡辩的方法。形式逻辑学为整个西方哲学奠定了方法论基础。恩格斯指出，"古希腊的哲学家都是天生的自发的辩证论者，他们中最博学的人物亚里士多德就已经研究了辩证思维的最主要的形式"[①]。

真正提出"方法论"概念的是 17 世纪英国哲学家弗朗西斯·培根。培根写了一本与亚里士多德既类似又有区别的著作《新工具》，《新工具》是对亚里士多德《工具论》的批判继承。之所以称为"新"，最大的区别在于培根的归纳法与亚里士多德的演绎法分别代表了方法论的两条不同路径，实质在于先念与经验的认知方式的差别。马克思曾高度评价了培根的方法论，认为"科学是经验的科学，科学就在于把理性方法运用于感性材

---

① 中共中央 马克思 恩格斯 列宁 斯大林著作编译局. 马克思恩格斯选集：第 3 卷 [M]. 北京：人民出版社，2012：394.

料。归纳、分析、比较、观察和实验是理性方法的主要条件"①。

法国的勒内·笛卡尔被称为近代哲学之父，是理性主义的肇始者，他展现给哲学的不仅是一种新的观点和结论，也是一个新的时代，即理性主义时代。由于受到科学的进步和成就的影响，笛卡尔试图用数学的精密性、确定性构造和改变哲学。但建构的基点则是采用普遍怀疑的方法，通过"我思"的概念在理性中寻求一种内在的规则与秩序，通过直观与演绎的途径，辅之以分析与综合的方法，对不够清晰明朗的事理加以一一列举，从而形成一个独特的理性主义的科学方法论体系。笛卡尔的《更好地指导推理和寻求科学真理的方法论》揭示了在科学中正确运用理性和追求真理的方法。恩格斯指出："数学中的转折点是笛卡尔的变数。有了变数，运动进入了数学，有了变数，辩证法进入了数学，有了变数，微分和积分也就立刻成为必要的了。"

黑格尔是德国古典哲学的集大成者，他的辩证法是德国古典哲学最重要的成果之一，其核心思想是绝对精神的辩证发展，并且第一次把整个自然的历史和精神的世界描绘成一个不断运动、变化、发展的过程，企图揭示其内在逻辑关系，从而掌握其运动发展规律。马克思、恩格斯批判汲取了黑格尔的合理内核，抛弃了他的唯心主义体系，创立了唯物辩证法。

1.2　马克思主义方法论

恩格斯指出："马克思的整个世界观不是教义，而是方法。它提供的不是现成的教条，而是进一步研究的出发点和供这种研究使用的方法。"②在马克思主义方法论中，存在着根本方法和基本方法。

① 中共中央 马克思 恩格斯 列宁 斯大林著作编译局. 马克思恩格斯文集：第 1 卷［M］. 北京：人民出版社，2009：331.

② 中共中央 马克思 恩格斯 列宁 斯大林著作编译局. 马克思恩格斯选集：第 4 卷［M］. 北京：人民出版社，2012：664.

1.2.1 根本方法

唯物辩证法是认识世界和改造世界的根本方法。马克思指出:"辩证法在对现存事物的肯定的理解中同时包含着对现存事物的否定的理解,即对现存事物必然灭亡的理解;辩证法对每一种既成的形式都是从不断的运动中,因而也是从它的暂时性方面去理解;辩证法不崇拜任何东西,按其本质来说,它是批判的和革命的。"① 恩格斯也指出,在辩证哲学面前,"不存在任何最终的东西、绝对的东西、神圣的东西;它指出所有一切事物的暂时性;在它面前,除了生成和灭亡的不断过程、无止境地由低级上升到高级的不断过程,什么都不存在。它本身就是这个过程在思维者的头脑中的反映"②。马克思、恩格斯深刻揭露了唯物辩证法的本质,指出了唯物辩证法的批判性和革命性。唯物辩证法的一系列规律和范畴,是我们认识世界和改造世界的基本方法论。

1.2.2 基本方法

马克思主义基本原理是对马克思主义立场、观点、方法的集中概括,学习和把握马克思主义基本原理,必须掌握马克思主义的基本方法。马克思主义基本方法是建立在辩证唯物主义和历史唯物主义世界观和方法论基础上的,指导我们正确认识世界和改造世界的思想方法和工作方法,主要包括实事求是的方法、辩证分析的方法、社会矛盾分析的方法、历史分析的方法、阶级分析的方法、群众路线的方法等。

1.2.3 哲学社会科学方法

"哲学社会科学是人们认识世界、改造世界的重要工具,是推动历史发展和社会进步的重要力量,其发展水平反映了一个民族的思维能力、精

---

① 中共中央 马克思 恩格斯 列宁 斯大林著作编译局. 马克思恩格斯选集:第2卷 [M]. 北京:人民出版社,2012:94.
② 中共中央 马克思 恩格斯 列宁 斯大林著作编译局. 马克思恩格斯选集:第4卷 [M]. 北京:人民出版社,2012:223.

神品格、文明素质，体现了一个国家的综合国力和国际竞争力。"① 哲学社会科学方法论是指从事哲学社会科学研究的方法理论，它是对各个具体门类的哲学社会科学研究方法的概括和总结，具有普遍的和一般的指导意义。广义上的哲学社会科学从内容结构上是由哲学和社会科学两大部分组成，因此，哲学社会科学方法论自然也包括哲学方法论和社会科学方法论。哲学是"学科之王"，因此，哲学方法论具有最基础性、一般性和原则性的特点。哲学方法论一般也适用其他社会科学，而具体的社会科学方法由于学科自身的特点，又具有自身的特殊性，在哲学方法论的基础上，统筹归纳具体的社会科学方法，交叉融合、融会贯通，形成了哲学社会科学方法论。

习近平同志指出："坚持以马克思主义为指导，是当代中国哲学社会科学区别于其他哲学社会科学的根本标志，必须旗帜鲜明加以坚持。"② 哲学社会科学研究，必须坚持以马克思主义为指导，创新、运用和发展马克思主义哲学社会科学方法论。马克思主义哲学社会科学方法论，要求在坚持马克思主义的根本方法和基本方法的指导下，综合运用马克思主义哲学方法论和马克思主义社会科学方法论具体指导哲学社会科学研究。2016 年5 月 17 日，习近平同志在哲学社会科学工作座谈会上的讲话中指出："新形势下，坚持马克思主义，最重要的是坚持马克思主义基本原理和贯穿其中的立场、观点、方法。"③

马克思主义哲学社会科学方法论以辩证唯物主义和历史唯物主义为根本方法，具体包括批判分析方法、辩证分析方法、矛盾分析方法、历史分析方法、价值分析方法等。马克思主义哲学社会科学方法论具有较强的综合性、整体性、系统性，是科学而完备的方法论。列宁指出："沿着马克思的理论的道路前进，我们将愈来愈接近客观真理（但绝不会穷尽它）；

---

① 习近平. 在哲学社会科学座谈会上的讲话 [N]. 人民日报，2016 - 05 - 17.
② 同①。
③ 同①。

而沿着任何其他的道路前进，除混乱和谬误之外，我们什么也得不到。"①
马克思主义哲学社会科学方法论是开放的科学体系，具有与时俱进的科学
本性，因此，新时代哲学社会科学的繁荣与发展，是在坚持马克思主义哲
学社会科学方法论的基础上，按照立足中国、借鉴国外，挖掘历史、把握
当代，关怀人类、面向未来的思路，创新发展马克思主义哲学社会科学方
法论，积极构建中国特色哲学社会科学，在学科体系、学术体系、话语体
系构建中充分彰显学社会科学的中国特色、中国风格、中国气派。

---

① 中共中央 马克思 恩格斯 列宁 斯大林著作编译局. 列宁全集：第18卷［M］. 北京：人民
出版社，1988：145.

第二章　批判分析方法

"批判"一词，根据《辞海》的释义，主要有两个含义，一是评论，二是对某种思想言行（多指错误的）进行系统分析。可以看出，在汉语的词意中，"批判"主要是指评论、批评的意思，而英文中"批评"与"批判"两个词基本上是不加区分的，单词都是"criticize"。

如果从词源学意义上分析，"批判"一词来源于德文的 kritik。最早，"批判"一词主要用于文学批评，英国哲学家约翰·洛克是第一个把"批判"引入哲学语境中的哲学家，后来约翰·洛克的批判思想又深入地影响了大卫·休谟。正是在前人探索的基础上，康德第一次在哲学领域确立了"批判"的合法地位，赋予"批判"以哲学意义上的理论内涵。康德曾指出："我们的时代是真正的批判时代，一切都必须经受批判。通常，宗教凭借其神圣性，而立法凭借其权威，都想要逃脱批判。但这样一来，它们就激起了对自身的正当的怀疑，并无法要求别人不加伪饰的敬重，理性只会把这种敬重给予那些经受得住它的自由而公开的检验的事物。"①康德崇尚理性，主张对人的理性认识能力进行批判性的检讨和反省，并进一步认为一切事物都必须在理性面前接受批判，他的批判哲学理论主要集中在他的"三大批判"，即《纯粹理性批判》《实践理性批判》《批判力批判》中，在康德的批判视域中，批判的对象首先是对事物本性进行判断或认识。因此，根据康德对批判哲学的阐释可以看出，哲学语境中的批判范畴绝不是简单的驳斥，也不是单纯的否定，更不是彻底的颠覆和抛弃，批判

---

① 康德. 纯粹理性批判 [M]. 邓晓芒，译. 北京：人民出版社，2004：3.

本身就意味着区分、辨析、审视和扬弃，目的是澄清问题、解决疑惑或者整合重构以实现思想的发展。①

可以看出，批判既有肯定的意思，也有否定的意思。批判既意味着解构，也意味着建构，两者是并存的，所以，西方哲学视域下的"批判"具有解构和建构的两重性。

哲学是一门古老的学科，是时代的精华。怀疑和反思自古以来就是哲学的基本特征，从某种意义上来说，哲学的本质就是批判。亚里士多德曾说到，哲学源于惊异，惊异中包含批判的基因。按照罗素在《哲学问题》中的理解，"哲学的根本特点便是批判，正是这种特点使得它成为一种和科学不同的学问。哲学对于科学上和日常生活上所使用的那些原则都要加以批判地研究，而且要从这些原则中找出它们的不一致来；只有在找不到摈斥它们的理由的时候，才把它们作为批判研究的结果接受下来。"② 由此可见，哲学不迷信任何知识理论的权威，总是试图追问"是什么"和"为什么"两大问题。

对于哲学的批判性，德国古典哲学集大成者黑格尔也许理解得更透彻，黑格尔认为哲学是"以思想的本身为内容，力求思想自觉其为思想"③，也就是对思想进行思想或对认识进行认识。这种对思想进行思想是怎样完成的呢？是无批判地接受吗？显然不是，如果哲学失去批判的维度，那么它就只能是一种空无内容的抽象形式，也就不会有思想的超越、人类的进步和社会的发展。因此，哲学需要批判，也必须批判，这里体现的不仅是一种批判的精神和批判的勇气，更是一种在批判中彰显出来的强大逻辑力量。从这种意义上来说，作为以批判为本性的哲学，自身就是一种以批判为表征方式和存在方式的思想理论，是在自由的批判和批判的自由中不断升华和发展的反思理论。因此，哲学的批判是哲学思考的出发点，是扫除寻求真理障碍的必要手段，是哲学发展不可缺少的精神，也是人存在的特殊方式。

---

① 宋绪福. 马克思批判哲学的当代意蕴 [J]. 前沿, 2012 (15)：43 - 47.

② 罗素. 哲学问题 [M]. 何兆武, 译. 北京：商务印书馆, 1999：125.

③ 黑格尔. 小逻辑 [M]. 贺麟, 译. 北京：商务印书馆, 2003：39.

2.1　马克思主义批判理论

在西方哲学史上，批判精神可谓源远流长，继康德批判哲学之后，可以说，黑格尔、马克思以及现当代的著名哲学家的批判思想都源于康德确立的批判精神，或者深受其影响。黑格尔的批判性思维是基于其辩证法的建构而实现的，而马克思则是通过科学实践观的创立，实现了对黑格尔辩证法的批判精神的继承和超越。

2.1.1　马克思的批判精神

批判是马克思哲学的突出特征。早在1843年马克思出版的《德法年鉴》中致信卢格时就指出，"我们的任务……就是要对现存的一切进行无情的批判。"[①] 马克思为了解释世界和改造世界，一生中不是在从事理论批判，就是在从事实践批判。在理论批判和实践批判中，马克思完成了《黑格尔法哲学批判》、《1844年经济学哲学手稿》（该书是马克思首次试图对资本主义经济制度和资产阶级政治经济学进行批判性考察，并对黑格尔的辩证法和哲学的批判性分析）、《德意志意识形态》（该书第1卷标题即为"对费尔巴哈、布·鲍威尔和施蒂纳所代表的现代德国哲学的批判"）、《神圣家族——或对批判的批判所作的批判》、《政治经济学批判》（作为《资本论》的副标题）、《哲学的贫困》（作为对《贫困的哲学》的批判）、《哥达纲领批判》等一系列批判性论著，展开了具有划时代意义的宗教批判、政治批判、哲学批判与政治经济学批判，通过批判与继承建构自己的理论体系。

实践是马克思批判的显著标志。马克思哲学批判与其他哲学批判的根

---

① 中共中央 马克思 恩格斯 列宁 斯大林著作编译局. 马克思恩格斯文集：第10卷［M］. 北京：人民出版社，2009：7.

本区别就在于实践性。实践是马克思哲学的基本核心概念之一，马克思认为，社会生活本质上是实践的，马克思在实践的基础上，建立独特的哲学理论，学术界一般认为马克思哲学不仅是一种实践理论，而且是一种实践批判理论。马克思指出，"批判的武器当然不能代替武器的批判，物质力量只能用物质力量来摧毁"。这表明马克思哲学不仅要求"批判的武器"，即理论批判，而且要求用"武器的批判"，即实践批判，理论批判和实践批判在这里融合，二者相互渗透、相互依存。具体而言，以往的批判是发生在抽象思辨世界的理论批判，而马克思哲学的批判是立足于现实生活世界的实践批判；以往的批判是仅是哲学层次的批判，而马克思哲学的批判是针对整个观念领域，即经济、哲学、政治以及其他领域的总体性批判。在此意义上，马克思哲学区别于以往哲学的本质就在于第一次实现了从实践高度展开哲学批判，强调实践批判高于理论批判。

马克思批判的特性不仅体现在实践批判中，而且具有自我批判的特点。批判似乎总是批判主体之外的一切事物，然而事实上，自我批判才是哲学批判精神的彻底贯彻和最高境界。自我批判不仅是对自身所持的观念和意识的谨慎和检讨的态度，更是主体在进行认知活动和价值判断时对自己掌握的认知、判断标准可能存在的局限的清醒自觉。这种自省意识是自我批判精神的实质。马克思在致朋友卢格的信中明确指出，需要具备自我批判的精神："新思潮的优点又恰恰在于我们不想教条式地预期未来，而只是想通过批判旧世界发现新世界……如果我们的任务不是推断构想未来并使它适应于任何时候，我们便会更加明确地知道，我们现在应该做些什么。我指的就是要对现存的一切进行无情的批判，所谓无情，就是说，这种批判既不怕自己所作的结论，也不怕同现有各种势力发生冲突。所以我不主张我们树起任何教条主义的旗帜。"[①] 恩格斯同样是以自我批判的态度对待马克思主义理论的典范。他指出："马克思的整个世界观不是教义，而是方法。它提供的不是现成的教条，而是进一步研究的出发点和供这种

---

① 中共中央 马克思 恩格斯 列宁 斯大林著作编译局．马克思恩格斯全集：第10卷［M］．北京：人民出版社，2009：7．

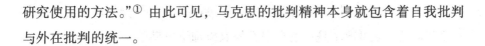

研究使用的方法。"① 由此可见，马克思的批判精神本身就包含着自我批判与外在批判的统一。

2.1.2　马克思的批判视域

纵观马克思的一生，可以发现，马克思的批判理论是在对前人、同时代人，甚至自己的理论批判中创立并不断实现创新和发展的，也正是在这一过程中，马克思形成了一套自己的全新的批判理论。马克思批判哲学是在彻底的批判精神的推动下，一步步逐渐深入社会生活各个领域，最后触动到经济基础。马克思批判理论形成的基本逻辑是从宗教批判开始，进而批判国家和法哲学等问题，在遇到利益问题时，将批判的视角深入经济领域，最后，将批判定位在人全面而自由发展的终极目标上。马克思批判的基本视域集中在宗教批判、经济学批判、社会批判、历史观批判等方面。

（一）马克思宗教批判理论

宗教在西方中世纪长期占据统治地位，已成为近代西方哲学必须直面的理论与实践问题。从马克思哲学形成的脉络来看，宗教问题不是马克思哲学研究的主要问题，宗教批判也不是马克思哲学批判的中心。但是，马克思批判哲学的形成与发展，却必须从宗教批判入手，因为"对宗教的批判是其他一切批判的前提"②。

1. 马克思宗教批判的时代背景

14～17世纪，随着新兴资产阶级的产生和发展，在思想和文化领域以复兴希腊罗马古典文化的名义发动的文艺复兴运动，打破了宗教束缚，提倡人性自由。对封建宗教文化的彼岸神学观念进行了无情的批判，积极肯定了人类世俗主义的生活理想。

在文艺复兴运动的影响下，欧洲国家不堪忍受天主教会的统治与腐

---

① 中共中央 马克思 恩格斯 列宁 斯大林著作编译局. 马克思恩格斯选集：第4卷［M］. 北京：人民出版社，2012：664.

② 中共中央 马克思 恩格斯 列宁 斯大林著作编译局. 马克思恩格斯选集：第1卷［M］. 北京：人民出版社，2012：1.

败，从 16 世纪上半叶开始，德国的马丁·路德发动和领导了声势浩大的宗教改革运动。宗教改革是一场在宗教外衣掩饰下发动的反对封建和神权统治的资产阶级政治运动。它动摇了天主教会的神权统治，改变了政教合一的局面，打击了西欧的封建势力，削弱了教会对人们思想和社会生活的控制，为资本主义的发展进一步解除了精神枷锁。

17~18 世纪，随着资产阶级力量的不断壮大，诞生了一场反对封建专制统治和教会思想束缚的思想解放运动，即启蒙运动。启蒙运动是文艺复兴人文精神的继承和发展，它追求民主自由，崇尚理性思考，抨击天主教会和封建制度，出现了如伏尔泰、孟德斯鸠、霍尔巴赫等一大批启蒙思想家，为资产阶级革命做了思想准备和舆论宣传。

18 世纪的德国仍然是被"基督教渗透了的国家"，基督教神学的影响几乎遍布社会生活的各个领域，宗教原则仍然是管理国家事务的根本原则。经济上，德国资本主义的发展总体较为缓慢，无法与已经建立资本主义制度的英法相比；政治上，国家四分五裂，国家统一尚未完成，从而更加制约了资本主义经济的发展。

马克思 1818 年诞生于德国莱茵省特里尔城，莱茵省的社会经济发展却与众不同。莱茵省在 18 世纪至 19 世纪初期一直处在法国的占领之下，在这期间，这里废除了旧的封建等级体制，推行民主改革，倡导自由，促进工商业的发展，莱茵地区成为当时德国资本主义工业最发达的省份。由于人们受到法国启蒙思想的熏陶，致使这个地区到处弥漫着启蒙思想和自由主义的氛围，自由、民主逐渐深入人心，成为德国政治最为活跃的区域。莱茵省被普鲁士收回后，由于统治者采取的不当政策严重损害了工商业者和农民的利益，特利尔城出现了各种反对封建统治专制争取自由的呼声。

马克思的家庭是相当开明的，马克思的父亲亨利希·马克思是一位著名的律师，也是一位思想开明的自由主义人士，当然也是一名新教徒。由于受到法国资产阶级革命的影响，他具有资产阶级民主思想。在开明的、学识丰富的父亲的教诲下，马克思从小就受到了资产阶级民主、自由思想的熏陶，而且培养了他高尚的救世情怀。马克思在不断学习和实践中逐渐认清了德国的现状，一颗高尚的救世之心牵引着他去研究现实、探知世

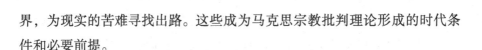

界，为现实的苦难寻找出路。这些成为马克思宗教批判理论形成的时代条件和必要前提。

2. 马克思宗教批判的历程轨迹

马克思宗教批判理论的形成经历了一个过程，经历了从唯心主义到唯物主义的转变。青少年时期的马克思，受当时社会环境和家庭环境的影响，是一个唯心主义的虔诚的宗教徒。马克思中学毕业后，进入波恩大学、柏林大学学习法律，深受黑格尔哲学思想的影响，因此，对宗教理论的阐发没有摆脱黑格尔的唯心主义体系。大学毕业后，涉世之初，马克思就遇到了现实难题，在他担任《莱茵报》主编时，社会经济问题让他力不从心、难以应付，于是他开始考虑抛弃黑格尔的唯心主义，于是，唯物史观开始萌芽，宗教思想发生了变化；1843 年《莱茵报》被普鲁士政府查封，随之马克思的思想也发生了重大变化，这种变化主要反映在《德法年鉴》上，《德法年鉴》思想上的变化表明，马克思宗教思想已经由理性主义启蒙无神论向历史唯物主义无神论转变。《关于费尔巴哈的提纲》和《德意志意识形态》是历史唯物主义形成的标志，比较全面地反映了马克思的宗教批判理论；《共产党宣言》的发表是新世界观问世的标志，指出共产主义社会宣告阶级、宗教等现象的消亡。简言之，马克思的思想变化历经了有神论的阶段，到与有神论的决裂的阶段，再到唯物主义的无神论阶段的三个阶段。

3. 马克思宗教批判的理论地位

在《〈黑格尔法哲学批判〉导言》中，马克思指出："就德国来说，对宗教的批判基本上已经结束；而对宗教的批判则是其他一切批判的前提，""对宗教的批判就是对苦难尘世——宗教是它的神圣光环——的批判的胚芽。"[①] 由此可以看出，宗教批判在马克思全部理论中的地位。此前，对宗教批判取得最大成就的是费尔巴哈，但是，费尔巴哈的批判并不彻底，反宗教斗争的任务最终是由马克思完成的。

---

① 中共中央 马克思 恩格斯 列宁 斯大林著作编译局.马克思恩格斯选集：第 1 卷 [M].北京：人民出版社，2012：2.

　　从《论犹太人问题》《〈黑格尔法哲学批判〉导言》《德意志意识形态》《关于费尔巴哈提纲》等一系列的论述中，我们可以看到对宗教的批判在马克思理论创立过程中的重要作用。认识到宗教是当时世界的总理论，对宗教的批判实际上就是对当时世界的总批判，这个总批判是其他批判的前提和萌芽。马克思的这一总批判，一方面是对作为一般意义的宗教理论的批判，另一方面是对作为资产阶级意识形态一部分的宗教理论的批判。德国经历过深刻的宗教改革，宗教改革的本质是使宗教资产阶级化，完成宗教在资本主义社会继续存在的历史改装。这一历史改装并不仅是宗教实现时代化，同时也是宗教理念的进一步深化和完善，使之达到新的历史水平，成为更深刻地禁锢人的精神枷锁。

　　对世界观性质的宗教的批判，构成了马克思哲学理论的一部分。而对作为人类幸福和解放虚假关怀的宗教具体内容的批判，结合对资产阶级把人类幸福和解放简单归结为宗教解放的理论的批判，则是构成马克思的人的解放理论的重要组成部分。当然，这两个方面的批判及其成果之间有着复杂的关系，宗教的解放与人的解放具有深层的关联。青年黑格尔派的重要人物鲍威尔在宗教批判中提出，社会压迫的根源在于宗教。所以，犹太人的解放就像基督徒的解放一样，只有通过克服自己的宗教才可能获得。鲍威尔把历史过程和社会不平等现象归结于宗教。马克思的批判则更深刻地揭示了社会压迫的根源在于世俗世界。

　　马克思从宗教批判中认识到，要真正完成对宗教的战斗性批判任务，必须联系现实社会，把对天国的批判走向对现实的批判，对现实的批判就要批判当时所处年代的哲学、政治、经济以及其他一切批判。应该说，马克思的理论体系构建，是从批判宗教开始的，批判的指向是人，至此，马克思以宗教批判为前提，对当时德国的法哲学、国家哲学进行了批判，变单纯的宗教批判为政治批判，从而找到了宗教解放与人类解放的正确途径。

　　通过马克思的博士论文我们可以看出，马克思当时的思想还是青年黑格尔派的理论路线，即用黑格尔理论体系自身的一部分个体的自由来冲击凝固的黑格尔哲学体系的束缚，其对宗教的批判只是继承了古希腊对宗教的批判，并没有实质的创新。但是马克思在《莱茵报》任职的这一时间段内，接触了大量的反映人的现实生活的问题，开始了自己真正意义上的宗教批判。在现实人的问题中，宗教问题就是一个主要的问题，因为宗教作为一种世界的总的理论，对宗教的批判就是对这个世界的总批判。因此，马克思指出，"对宗教的批判是其他一切批判的前提""对宗教的批判就是对苦难尘世——宗教是它的神圣光环——的批判的胚芽"①。这可以表明，马克思提出的宗教批判的理论基调是对社会和历史现实的批判。

从《论犹太人问题》开始，马克思就没有将宗教问题看作是问题的根源，他认为犹太人悲惨的境遇反映了宗教已经不是世俗狭隘性的原因，而只是它的表现。我们要把神学问题化为世俗问题。所以，政治解放和宗教的关系问题已经成了政治解放和人类解放的关系问题。马克思这时已经清晰地看到了宗教问题的社会根源，就在于现实人的生活的境遇。而现实人的生活的境遇是人是分裂的人，因为人"过着双重的生活——天国的生活和尘世的生活。前一种是政治共同体中的生活，在这个共同体中，人把自己看作社会存在物；后一种是市民社会中的生活，在这个社会中，人作为私人进行活动，把别人看作工具，把自己也降为工具，并成为异己力量的玩物"②。这种人自身的分裂是一切问题的根源。马克思提到了市民社会这一概念，指代的就是资本主义社会。在第二部分中，马克思认为这种分裂根源得以具体化、现实化，并且不断加剧的原因在于现实人对自利的追求，也是对金钱的追求，金钱成为人的力量的异化，金钱通过人成为"世界势力"。所以，马克思认为人的彻底解放并不是人从宗教中解放出来的，而是人将不再是社会分离的存在，而成为类的存在物，人从金钱中解放出来。因此，马克思在《〈黑格尔法哲学批判〉导言》中已经明确了宗教批判在德国已经完成，在宗教批判后，哲学的道路在于对现实世界的批判和对政治的批判。马克思写道："真理的彼岸世界消逝以后，历史的任务就

---

① 中共中央 马克思 恩格斯 列宁 斯大林著作编译局. 马克思恩格斯选集：第 1 卷 [M]. 北京：人民出版社，2012：2.
② 中共中央 马克思 恩格斯 列宁 斯大林著作编译局. 马克思恩格斯全集：第 1 卷 [M]. 北京：人民出版社，1956：428.

是确立此岸世界的真理。人的自我异化的神圣形象被揭穿以后，揭露非神圣形象中的自我异化，就成了为历史服务的哲学的迫切任务。于是对天国的批判就变成对尘世的批判，对宗教的批判就变成对法的批判，对神学的批判就变成对政治的批判。"①

可以说，马克思的宗教批判思想在马克思哲学的开端就奠定了历史唯物主义的理论基调，即从社会现实出发，并对社会问题做现实的分析，对人的精神意识问题从现实的物质层面给予解答，对人的现实的需求和社会属性的强调和对人异化的批判。虽然在这里马克思还是继承了费尔巴哈的宗教异化的概念，从人的"类本质"这一概念出发阐述人的本质，但是在马克思思想发展的下一个阶段就开始了摆脱费尔巴哈哲学的局限性，提出了具有自身特色的"类"的概念。在《经济学哲学手稿》中，马克思通过对人的劳动的阐述和共产主义的设想，进一步批判了宗教。马克思强调，人是类的存在物，是自由的，而人类的本质就在于人的对象化的活动。劳动的异化是人异化的根源。在《经济学哲学手稿》中，马克思阐述了扬弃异化的共产主义，在这些阐述中，我们可以看到，马克思对宗教批判的发展，即站在劳动和社会生产的角度阐述宗教的根源，并进一步展开对宗教的批判。马克思指出："这种物质的、直接感性的私有财产，是异化了的人的生命的物质的、感性的表现。私有财产的运动——生产和消费——是迄今为止全部生产的运动的感性展现，就是说，是人的实现或人的现实。宗教、家庭、国家、法、道德、科学、艺术等，都不过是生产的一些特殊的方式，并且受生产的普遍规律的支配。"② 在这些批判宗教的阐述中，我们可以清晰地看到，马克思的历史唯物主义的要素已经出现，思想正在形成。

在《关于费尔巴哈提纲》中，马克思开篇就确立了实践原则。强调从前一切哲学的根本不足在于没有将感性的对象性的实践活动作为哲学的前

---

① 中共中央 马克思 恩格斯 列宁 斯大林著作编译局. 马克思恩格斯选集：第1卷［M］. 北京：人民出版社，2012：2.

② 中共中央 马克思 恩格斯 列宁 斯大林著作编译局. 马克思恩格斯文集：第1卷［M］. 北京：人民出版社，2009：186.

提，所以，就没有将人的理性外的现实世界真实反映出来，对世界的解释有偏颇。而马克思自在《莱茵报》担任主编时期就开始关注现实，确立了将人的实践作为马克思主义哲学的出发点。在实践原则的基础上，马克思阐述了人的本质是"一切社会关系的总和"，进而批判了费尔巴哈的关于社会历史解释的"宗教感情"这一概念，并提出"宗教感情"只是社会形式的一个表现。人的本质是社会关系的总和，而全部社会生活在本质上是实践的，一切的"神秘东西"在马克思看来都是可以用实践解释的。马克思认为，宗教的本质和宗教的现象都可以用实践及实践之上的人类社会关系解释。而这种解释方式正是即将出现的历史唯物主义的基本解释方式。可以说，马克思在宗教批判和对费尔巴哈的批判中，孕育了历史唯物主义的基本原理。

在《德意志意识形态》的序言中，马克思与恩格斯开篇就写道，"迄今为止人们总是为自己造出关于自己本身、关于自己是何物或应当成为何物的种种虚假观念。他们按照自己关于神、关于标准人等等观念来建立自己的关系。他们头脑的产物不受他们支配。他们这些创造者屈从于自己的创造物。他们在幻象、观念、教条和臆想的存在物的枷锁下日渐萎靡消沉，我们要把他们从中解放出来。我们要起来反抗这种思想的统治。"① 为了达到这一目标，马克思和恩格斯首先审视了青年黑格尔派的努力，提出了他们只是在同意识做斗争，而没有与"物质环境"有任何的联系，所以也就不能使人摆脱这些枷锁。马克思与恩格斯说道，"我们开始要谈的前提不是任意提出的，不是教条，而是一些只有在想象中才能撇开的现实前提。这是一些现实的个人，是他们的活动和他们的物质生活条件，包括他们已有的和由他们自己的活动创造出来的物质生活条件。"② 由此，马克思与恩格斯得出了现实的人的物质活动和物质活动产生的社会关系，才是包含宗教在内的一切意识产生的根本。在《德意志意识形态》中，马克思、

---

① 中共中央 马克思 恩格斯 列宁 斯大林著作编译局. 马克思恩格斯文集：第 1 卷［M］. 北京：人民出版社，2009：509.

② 中共中央 马克思 恩格斯 列宁 斯大林著作编译局. 马克思恩格斯选集：第 1 卷［M］. 北京：人民出版社，2012：146.

恩格斯还论述了生产力和生产关系、社会存在和社会意识等历史唯物主义的基本观点。在此基础上，马克思的宗教批判已基本完成，历史唯物主义也初步确立，可以看出，对宗教意识的批判和对宗教意识产生的根源的批判，马克思历史唯物主义的出现起到了促进和承载的作用，是马克思历史唯物主义逻辑上的必要环节。历史唯物主义是马克思对宗教批判最终的落脚点，宗教批判强调对现实的关注，对人的解放，最终融入历史唯物主义中。马克思历史唯物主义的一个巨大的贡献就是将共产主义作为世界史阐述，将共产主义之前的历史称为史前史。共产主义对于宗教批判而言，是哲学境界的升华。

(二) 马克思政治经济学批判

政治经济学批判是马克思批判的重要领域，因为经济学研究是马克思理论活动的主要方面。马克思对资产阶级政治经济学的批判，是他创立无产阶级政治经济学的基础，而他批判资产阶级政治经济学的过程，同时也是他创立无产阶级政治经济学的过程。因此，恩格斯曾评价马克思是把对政治经济学的批判作为自己终生事业的人。

1. 马克思对古希腊早期经济思想的批判与继承

马克思创立唯物史观，提出"不是人们的意识决定人们的存在，相反，是人们的社会存在决定人们的意识"[①] 的基本原理，并将这一基本原理贯穿所有研究领域。在对重商主义以前经济思想的研究中，马克思坚持社会存在决定社会意识，辩证地剖析了早期经济思想中的"天才和创见"以及存在的阶级历史的局限。在《反杜林论》中，为了批驳杜林对古代经济思想的轻视，马克思对色诺芬关于分工的思想、柏拉图关于分工的思想以及亚里士多德关于货币的思想进行了客观评价。

马克思在《资本论》中，为了说明古希腊的社会分工情况，大量地引用色诺芬和亚里士多德的观点。马克思认为色诺芬提出了"相当接近于现代的分工观点"，这是指他"不仅考察了职业的分工，而且还强调指出，

---

① 中共中央 马克思 恩格斯 列宁 斯大林著作编译局. 马克思恩格斯选集：第2卷 [M]. 北京：人民出版社，2012：2.

劳动由于分工变成了简单劳动，在这种简单劳动中更容易达到熟练程度"①。马克思对亚里士多德价值学说的评价也很高，亚里士多德关于价值的论述很有见地，如假设甲是一个建筑者，乙是一个鞋匠，甲制造出来的是一间房屋，乙制造出来的是一双鞋。建筑者必须从鞋匠那里获得产品，并且必须把自己的产品给鞋匠作为报答。只有商品之间有了比例的均等，互惠的行为才能发生，交换行为才能实现。由于没有任何事情能阻止一个人制造的产品可以比别人制造的产品成为更好的，因此，必须使它们成为相等的。因此，互相交换的一切物，必须成为依某种方法可以互相比较的。那么，究竟是什么同一物使各商品还原为相等而可以互相比较呢？按照亚里士多德的理论，是货币使一切商品成为可以公约的。因为货币可以成为一切物的尺度。对于上述见解，马克思认为亚里士多德是最早分析价值形式的人，并且看到了包含这个价值表现的价值关系本身。这说明亚里士多德"在商品的价值表现中发现了等同关系，正是在这里闪耀出他的天才的光辉"②。

2. 马克思对重商主义的批判

1615 年，法国重商主义者安·德·蒙克莱田在他的《献给国王和王后的政治经济学》一书中，第一次创造性地使用了"政治经济学"这一名称。这标志着资产阶级在历史上第一次把经济关系从社会关系中剥离出来进行专门研究，创造了政治经济学这门近代科学。政治经济学是研究国家这一政治实体的经济问题，研究在社会经济领域中，尤其是从经济利益、经济关系角度，研究不同阶级、社会集团之间的利益关系、利益矛盾及其演变，研究社会生产关系，即经济关系发展规律的科学，研究引导社会经济发展的经济政策和经济理论的科学。此后，"政治经济学"一词在欧洲被广泛流传、广泛使用，成为研究社会经济问题的学科的名称。在资本主义兴起、发展、繁盛、危机四伏的不同历史时期，与资本主义经济发展的

---

① 中共中央 马克思 恩格斯 列宁 斯大林著作编译局. 马克思恩格斯全集：第32 卷 [M]. 北京：人民出版社，1998：320 - 321.

② 中共中央 马克思 恩格斯 列宁 斯大林著作编译局. 马克思恩格斯全集：第44 卷 [M]. 北京：人民出版社，2001：75.

实际相适应，形成了不同的政治经济学学派。

资产阶级形成的第一个政治经济学学派是重商主义。重商主义产生于15世纪，这时地中海沿岸商品生产发达的城市，主要是威尼斯、热那亚、佛罗伦萨等，已经产生了资本主义萌芽，出现了占有生产资料的资本家和一无所有的雇用劳动者。为了促使资本主义萌芽迅速成长为参天大树，新兴资产阶级开始了延续到19世纪初的资本原始积累。资产阶级在世界各地抢劫、掠夺、杀人放火、贩卖鸦片，进行了一场血腥的原始积累。资产阶级的上述罪恶行为急需理论上的证明，就产生了重商主义。任何经济理论都是为本阶级的利益服务，经济理论从诞生的一刻起就打下了阶级的烙印。这是由于政治经济学研究的内容直接涉及社会各阶级的切身利益，代表不同阶级利益的经济学家对于社会经济关系必然具有不同的认识和解释。在重商主义者看来，资产阶级的经济行为是很正当的、合理的。他们提出这样的命题：①货币是唯一的财富。货币多寡成为衡量国家富裕程度的标准，因此，资产阶级在全世界攫取货币合理。②流通是财富的源泉。资本原始积累时期，资产阶级的经济行为的主要关注点在流通领域，而不是生产领域，重商主义者对这种经济现象加以认识和归纳，得出流通是财富的源泉的结论。流通有两种形式，分为国内贸易和对外贸易。重商主义者认为，国内贸易不产生财富。③利润来自海外贸易。只有对外贸易才能产生利润，所以，马克思又将重商主义者称为外贸差额论者。④国家干预经济。国家应该干预经济，保护和管理对外贸易，以保证贸易顺差和积累财富。

马克思认为重商主义在资产阶级政治经济学史上有一席之地，他指出："这种主义不仅保留着在历史的权利，而且在现代经济的一定领域中也完全享有它的公民权利。"[①] "重商主义正确地说出了资产阶级社会的使命就是赚钱。"[②] 尽管如此，重商主义的理论是不科学的。第一，金银货币不是唯一的财富。重商主义过分夸大金银货币的作用，把金银货币看作社

---

① 中共中央 马克思 恩格斯 列宁 斯大林著作编译局. 马克思恩格斯全集：第31卷 [M]. 北京：人民出版社，1998：554.

② 同①，第553页。

会财富的唯一形态。这种"重金主义"的危害，在历史上也是屡见不鲜的。马克思描绘过："在 760 年，许多穷人移居到布拉格以南去淘沙金，3个人 1 天可以淘 1 马克的金。结果，放弃农业而去采金的人这样多，以致第二年国内闹饥荒。"① 可见，有了金子并不是就有了一切财富。作为支付手段的信用货币或作为流通手段的纸币，那就更谈不上是社会财富了，它们不是人们劳动的结晶，本身也没有价值，只是作为金银货币的价值符号。这些都说明，把社会财富和金银货币，包括信用货币及其符号，混为一谈是十分错误的。第二，流通不是财富的源泉。重商主义看到商品流通现象，认为商品流通是财富的源泉。在实际的商品经济中，商品流通不创造价值，流通只是价值实现的必要条件。正如马克思说："流通或商品交换不创造价值。"② 所以，重商主义无法揭示经济活动的本质，这就使重商主义难以适应资产阶级的需要而被重农学派取代。

3. 马克思对重农学派的批判

重农学派是 18 世纪后半期法国的一个资产阶级经济学派，它是在重商主义破产的基础上产生的。重农学派的创始人是法国资产阶级古典政治经济学奠基人朗索瓦·魁奈（1694—1774），他的代表作是《经济表》。重农学派产生于 18 世纪 50 年代的法国是有历史必然性的。法国从 17 世纪下半期开始执行重商主义政策，抑制农业发展的方针导致农业劳动生产率严重萎缩，从而也严重阻碍了新兴的工厂和手工业的发展，国王路易十五轻信一个英国经济顾问骗子的建议，大量发行货币，导致通货膨胀，物价急剧上涨，民不聊生，加上宫廷奢侈浪费，连年对外战争，社会矛盾极其尖锐。从这样的历史背景出发，重农学派是作为重商主义的对立面登上历史舞台的。与重商主义的观点截然不同，重农学派认为：①货币是万恶之源。重农学派认为货币根本不是财富的唯一形式，货币是万恶深渊。②纯产品是唯一的财富。这给财富的概念换了一个本质的内容。什么是纯产品

---

① 中共中央 马克思 恩格斯 列宁 斯大林著作编译局. 马克思恩格斯全集：第 13 卷 [M]. 北京：人民出版社，1962：146.

② 中共中央 马克思 恩格斯 列宁 斯大林著作编译局. 马克思恩格斯全集：第 44 卷 [M]. 北京：人民出版社，2001：190.

呢？魁奈认为，"纯产品"就是"从土地取得的盈利扣除了一切支出以后所余的产品"。扣除的支出包括农作物的种子以及用于维持农业工人生活的工资，用经济术语表达就是剩余农产品。既然纯产品是唯一的财富，谁创造纯产品呢？③农业生产是财富的真正来源。以土地为基础的农业才是财富的唯一源泉。重农学派天真地认为手工业不创造财富。他们认为，工业仅是改变了物质形态，如制作面包只是将小麦磨成面粉，制成面包，并没有增加纯产品，所以工业也不创造价值。那么能够创造纯产品的只能是农业，所以农业才是财富的唯一源泉。纯产品是唯一的财富，农业是纯产品的唯一源泉。④纯产品以地租形式被地主占有。重农学派第一次揭示了新兴的农业资产阶级与封建土地所有者之间的深刻矛盾。农业资产阶级辛苦经营创造的纯产品大部分却被地主以地租的形式据为己有，地主剥削农业资本家。两大阶级之间存在水火不容的尖锐矛盾，从而为资产阶级革命准备了前提。所以，马克思赞誉重农学派"是披着封建外衣的资产阶级革命斗士"，他们呼唤着一场资产阶级革命，以涤荡腐朽的、阻碍生产力发展的封建主义。

4. 马克思对古典政治经济学的批判

1847 年，马克思在《哲学的贫困》一书中，第一次把古典政治经济学从资产阶级政治经济学中划分出来。他指出："古典派如亚当·斯密和李嘉图，他们代表着一个还在同封建社会的残余进行斗争，力图清洗经济关系上的封建残污，扩大生产力，使工商业具有新的规模的资产阶级。"他又指出："亚当·斯密和李嘉图这样的经济学家是当代的历史学家，他们的使命只是表明在资产阶级生产关系下如何获得财富，只是将这些关系表述为范畴和规律并证明这些规律和范畴比封建社会的规律和范畴更便于进行财富的生产。"在这里，马克思所指的古典政治经济学，就是资产阶级政治经济学中代表具有历史进步性的产业资产阶级利益的、反映了资本主义经济运动内在规律的、促进了社会生产力发展的经济学说。1857 年 7 月，马克思在《巴师夏和凯里》这篇未完成的手稿中，第一次明确地指出资产阶级古典政治经济学的范围，是从 17 世纪末的威廉·配第和布阿吉尔贝尔开始，到 19 世纪初的李嘉图和西斯蒙第结束。古典政治经济学从威廉·配第开始，经过亚当·斯密的发展，到李嘉图集大成。古典政治经济学的经济理论为资本主义经济发展和经济学的发展做出了不可磨灭的贡献。马克思对古典政治经济学的价值理论进行了深入研究，肯定了其中的科学的合理的内容，批判了其中的缺陷和不足，并在此基础上创立了科学的劳动价值理论。

英国经济学家威廉·配第（1623—1687）第一次较为系统地讨论政治经济学的方法问题，并由此出发，试图揭示社会经济发展的客观规律，从而将政治经济学从其他学科中独立出去。正是在这个意义上，马克思称威廉·配第为政治经济学的创始人。认识到价值起源于劳动，是威廉·配第对政治经济学的一个重要贡献。威廉·配第在《赋税论》第四章中因地租税问题举例："假定这一个人前往生产白银的地方，在那里采掘和提炼白银，然后把它运到另一个人栽培谷物的地方铸成货币，并假定这一个人在从事这些工作的同时，也能够得到生活所必需的食物和衣服。我认为这个人的白银和另一个人的谷物，价值一定相等。假定前者所有的白银为二十盎司，后者所有的谷物为二十蒲式耳。那么，一蒲式耳谷物的价格就等于一盎司白银。""即使从事白银的生产可能比从事谷物的生产需要更多的技术，并有更大的危险，但是结局总是一样的……""我认为这是各种价值相等和权衡比较的基础。"① 这些都是配第关于劳动价值论思想萌芽的表述。配第认识到不同种类的生产劳动是社会分工的结果。他还进一步认识到，开采和冶炼金银或种植谷物，无非人力的消耗，都需要一定的劳动时间。因此，他断言，无论劳动的种类有何区别，也无论它们需要的"技术"和所谓的"风险"有何不同，生产两种物品，如金银和谷物，只要耗费了等量的劳动时间，"它们在价值上就必定相等"。从而，配第认识到价值的源泉是劳动时间的消耗，是一般劳动。配第还提出，价值量大小以劳动生产率为转移，社会分工促使劳动生产率提高等。马克思在《反杜林

---

① 威廉·配第. 赋税论：献给英明人士：货币略论 [M]. 陈冬野，马清槐，译. 北京：商务印书馆，2022：41 -42.

论》和《剩余价值理论》中评述这一观点时指出，配第"从一开始就用需要等量劳动来生产的贵金属和谷物具有同一价值的例子来说明价值量"①。他指出，"实际上用商品中包含的劳动的比较量来确定商品的价值。②"配第明确地指出，"劳动种类的差别在这里是毫无意义的———一切只取决于劳动时间。"③应该看到，配第所处的时代尚在封建主义的生产方式向资本主义的生产方式过渡的时期，资产阶级同无产阶级的矛盾还未提到首要地位，把价值作为研究对象，揭示劳动二重性，从而分析抽象劳动的全部意义的客观历史条件尚未成熟，这些无不限制了威廉·配第的天才的发挥。因此，他的价值源泉观点的肤浅和混乱是不可避免的。

法国古典政治经济学的创始人布阿吉尔贝尔（1646—1714）的经济学思想是马克思政治经济学批判的重要对象。布阿吉尔贝尔反对重商主义关于财富的唯一形态是货币的思想。他强调，由于社会分工各部门是相互联系的整体的一部分，农业生产是国民经济的基础，各部门、各职业在连续交换而形成的财富链条中才有价值。布阿吉尔贝尔认为，社会生产各部门应保持一定比例，也就是劳动分配的比例，因此，产品的总量也是有比例的。进而认为，商品的价格就应按不同部门的劳动比例来确定，必须使各部门劳动者的劳动结果（或劳务），在实现之后能得到必要的补偿。在他的思想中包含经济辩证法，即买与卖的对立统一，这意味商品价格过高或过低都会使一定部门劳动者的劳动耗费得不到补偿，进而损害该部门的利益，甚至波及其他部门的生产。要避免社会经济失调，只有遵照劳动决定价值的原则，通过交换，各得其所，他认为，人为地抬高或降低价格都是对自然的亵渎，必受惩罚。但他把能满足人们物质生活和精神生活的需要而具有使用价值的东西看作财富，马克思指出，布阿吉尔贝尔实际上只看到财富的物质内容、使用价值，却不能直接说出劳动创造价值。不过，他

---

① 中共中央 马克思 恩格斯 列宁 斯大林著作编译局．马克思恩格斯全集：第20卷［M］．北京：人民出版社，1973：253．

② 中共中央 马克思 恩格斯 列宁 斯大林著作编译局．马克思恩格斯全集：第26卷［M］．北京：人民出版社，1972：380．

③ 同①，第388页。

把法国 200 多种行业看作一条财富的链条，强调各种产品必须依一定比例进行互利互惠的交易，在事实上把交换价值归结为由劳动时间决定的。马克思指出，布阿吉尔贝尔用个人劳动时间在各个特殊产业部门间分配时所依据的正确比例来决定真正价值，并且把自由竞争说成是造成这种正确比例的社会过程。这种思想在布阿吉尔贝尔的著作中，虽然还没有以系统的理论形态展现，但这一闪光的思想无疑是马克思主义政治经济学来源的一部分。

英国古典政治经济学的杰出经济学家亚当·斯密（1723—1790），被称为经济学鼻祖。他首次提出了全面、系统的经济学说，为经济学的发展打下了良好的基础。其代表性著作《国民财富的性质和原因的研究》（以下简称《国富论》）是现代政治经济学的研究起点。在《国富论》中，亚当·斯密抨击了过去许多经济学学说的错误思想，阐述了他对经济问题的主要思想。他抨击了重商主义认为国家货币是唯一财富的观点，也批判了重农主义者提出的土地是财富的主要来源的观点，明确地强调劳动创造价值。亚当·斯密认为分工起源于人类才能的自然差异，社会分工能引起劳动生产力的增长。他列举制针业来说明："如果他们各自独立工作，不专习一种特殊业务，那么他们不论是谁，绝对不能一日制造二十枚针，说不定一天连一枚也制造不出来。他们不但不能制出今日由适当分工合作而制成的数量的二百四十分之一，就连这数量的四千八百分之一，恐怕也制造不出来。"在《国富论》中，亚当·斯密揭示了市场自行调节经济的机制，他用"看不见的手"这样的隐喻来表达他对自由市场的观察得出的观点。例如，如果某种需要的产品供应短缺，价格自然上升，价格上升会使生产商获得较高的利润，由于利润高，其他生产商也想要生产这种产品。生产增加的结果会缓和原来的供应短缺，而且随着各个生产商之间的竞争，供应增长会使商品的价格降到"自然价格"，即其生产成本。谁都不是有目的地通过消除短缺来帮助社会，但是问题却解决了。每个人"只想得到自己的利益"，但是又好像"被一只无形的手牵着去实现一种他根本无意要实现的目的……他们促进社会的利益，其效果往往比他们真正想要实现的还要好"。亚当·斯密的劳动价值论克服了威廉·配第将创造价值的劳动和创造金银的劳动混为一谈的缺陷，也批评了重农主义只把农业生产看作生产的错误观点，他撇开了劳动的特殊形式，认为不论哪个部门的生产劳动都创造价值。亚当·斯密对劳动价值论的研究做出了重要的科学贡献。马克思批判地继承与发展了亚当·斯密的劳动价值论。亚当·斯密对政治经济学的研究方法是双重观察法，表现在以下三个方面：第一，亚当·斯密的双重身份，他既是资产阶级利益代表，又是研究经济科学的经济学家；第二，亚当·斯密研究对象的二重性，他既研究资本主义社会中商品的简单再生产，又研究资本运动；第三，亚当·斯密研究任务的双重性，作为科学家，亚当·斯密旨在揭示资本主义经济运动的客观规律；作为资产阶级学者，亚当·斯密只是根据资本主义社会经济运动中的表面现象解释问题，不能揭示资本主义制度的剥削与命运。所以，亚当·斯密的研究方法是"内在观察法"与"外在观察法"的统一。当然，亚当·斯密的结论也是二重性的。他常常在两种不同的价值规定之间摇摆不定，即一方面肯定生产中耗费的劳动决定商品的价值；另一方面认为商品的价值决定于交换中购买到的活劳动量。亚当·斯密在第二种价值规定中，混淆了商品的价值与交换价值，价值的内在尺度与外在尺度。马克思指出了亚当·斯密的第二个价值规定是"劳动的交换价值，实际上就是把工资当作商品的价值尺度……这里把价值本身当作价值标准和说明价值存在的理由，因此成了循环论证"[①]。马克思还批判了亚当·斯密的工资、利润和地租决定商品价值的观点。马克思把亚当·斯密将商品价值分解为工资、利润和地租，再反过来用工资、利润和地租决定商品价值的理论被称为"亚当·斯密教条"。马克思指出，说工资、地租、利润是一切收入的三个原始源泉是对的，说它们是一切交换价值的三个源泉就不对了。"不是把交换价值分解为工资、利润和地租，而是相反，把工资、利润和地租说成是构成交换价值的因素，硬把它们当作独立的交换价值来构成产品的交换价值，认为商品的交换价值是由不依赖于它而独立决定的工资价值、利润价值和地

---

① 中共中央 马克思 恩格斯 列宁 斯大林著作编译局. 马克思恩格斯全集：第1卷 ［M］. 北京：人民出版社，1972：47.

租价值构成。价值不是它们的源泉，它们倒成了价值的源泉。"① 亚当·斯密实际上颠倒了价值创造与价值分配的关系。

李嘉图被马克思视为古典经济学的完成者，他对劳动价值论做了资产阶级经济学能达到的最彻底的表述，马克思正是在此基础上创立了科学的劳动价值论。马克思高度肯定了李嘉图在分析资本主义经济中的诚实的科学精神，称赞他为政治经济学和历史科学做出的突出贡献。政治经济学本身是一门批判的科学，它一经创立就处于批判的历史过程中。李嘉图将批判推到了资产阶级经济学家能达到的最高峰。李嘉图对亚当·斯密的经济学说进行了深入的批判。他批判亚当·斯密的二重价值理论，坚持劳动是创造价值的唯一源泉。马克思评价李嘉图的政治经济学批判具有一定的科学性，李嘉图很重视生产力的发展，同时代表工业资产阶级的利益，反对土地所有者从资产阶级攫取更多的利益。李嘉图接受了亚当·斯密关于使用价值和交换价值的区分，同时纠正了亚当·斯密关于没有效用的商品也有交换价值的断言，实际上把使用价值看作交换价值的物质承担者。李嘉图把理论探讨放在能由人类劳动无限再生产的商品价值上，被马克思看作一个功绩。马克思认为，李嘉图实际上指出了，价值规律的充分发展要以大工业生产和自由竞争的社会，即现代资产阶级社会为前提。李嘉图批判亚当·斯密将耗费的劳动与购买的劳动混为一谈，批判亚当·斯密用三种收入构成商品价值的观点，他也批判萨伊关于资本、土地具有创造价值的能力的观点。马克思对这些都给予了很高的评价。马克思指出，李嘉图强调劳动是人的，而且是社会规定的人的活动，是价值的唯一源泉。李嘉图和其他经济学家不同的地方，恰恰在于他前后一贯地把商品的价值看作仅仅是社会规定的劳动的体现。作为古典政治经济学的完成者，李嘉图把交换价值决定于劳动时间这一规定做了最透彻的表述和发挥。马克思分析了李嘉图的方法，即李嘉图从商品的价值量决定于劳动时间这个规定出发，然后研究其他经济关系是否同这个价值规定相矛盾，或者在多大程度上改变着这个规定。这种方法具有历史合理性和科学必然性，表现了李嘉图在

---

① 马克思. 剩余价值理论：第 2 册 [M]. 北京：人民出版社，1975：240 - 241.

科学上的巨大历史贡献。但这种方法也存在科学上的不完备性。它不仅表现在叙述方式上，而且会导致错误结论，因为这种方法跳过必要的中介环节，企图直接证明各种经济范畴的相互一致。但由于李嘉图的历史观是唯心的，他认为资本主义生产是社会生产唯一可能、绝对进步的自然经济形式；人类一直处在资本主义社会中，甚至原始社会的渔夫和猎人也是资本家。

（三）马克思社会批判理论

马克思诞生在一个富含批判精神的国度和时代，经过启蒙运动思想的洗礼，德国批判哲学的熏陶，工业革命急剧的变化，面对错综复杂的社会现实问题，马克思开展了深入的批判。马克思的社会批判理论是第一次真正走进社会历史的批判理论，真正做到了以现实生活作为自己理论的出发点和立足点，这和历史上众多的理论总是以抽象的理性为出发点截然不同。马克思指出："哲学家们只是用不同的方式解释世界，问题在于改变世界。"[①]

马克思社会批判理论的形成与发展不是一蹴而就的，探讨马克思社会批判理论，前提是要梳理马克思社会批判理论形成的逻辑进程。马克思社会批判是通过理论与实践双重逻辑进行的，马克思社会批判理论的形成具有内在逻辑性，经历了生成、深化和成熟的过程。马克思社会批判理论的基本视域主要集中在法哲学、社会结构、社会动力、社会形态等方面，对市民社会的批判对于马克思世界观的形成具有重要意义。

1. 马克思社会批判理论的早期探索

在《莱茵报》做主编时期，马克思开始关注社会现实问题，如人的生活状态。对出版自由问题的看法是马克思接触的第一个社会现实问题，他批判了书报检查制度要求写作风格统一的问题，深刻指出，要从根本上解决书报检查制度的问题，就是废除这种恶劣的制度。在林木盗窃法案的问题上，马克思站在广大劳苦大众的立场上，为他们的权益表达诉求。马克

---

① 中共中央 马克思 恩格斯 列宁 斯大林著作编译局．马克思恩格斯选集：第 1 卷 [M]．北京：人民出版社，2012：136.

思已清醒地意识到在普鲁士国家，私人利益是与国家和法律勾结在一起的，国家和法律只是为了维护统治阶级的利益，是阶级统治的工具，马克思原有的"国家是理性的实现"的思辨理性发生动摇，随着对社会现实理解的深入，马克思意识到对现实问题的解决，用批判的理性主义精神是根本无能为力的，于是马克思的思想开始背离黑格尔的思辨理性主义，逐步靠近费尔巴哈的人本学唯物主义，并以此为批判武器，实现了对黑格尔思辨理性主义的思想跨越。

1843 年 3 月，马克思退出了《莱茵报》，"从社会舞台退回书房"。此时马克思要解决自己在现实生活中遇到的各种问题的疑惑，在《莱茵报》工作时期，马克思看到物质利益和等级地位决定国家和法，决定人们对待事物的态度，于是他总希望普遍利益战胜私人利益，理性的国家和法战胜现实的国家和法，但事实上胜利的却是私人利益、现实的国家和法。这导致马克思"第一次遇到要对所谓物质利益发表意见的难事"。马克思开始怀疑黑格尔的国家观，并不自觉地反叛黑格尔的唯心主义理性思想，马克思为解决自己的各种疑惑，他再次研读了黑格尔的著作，在费尔巴哈的唯物主义的影响下，马克思开始批判黑格尔的法哲学，得出与黑格尔截然相反的结论："法的关系正像国家的形式一样，既不能从它们本身来理解，也不能从所谓人类精神的一般发展来理解，相反，它们根源于物质的生活关系，这种物质的生活关系的总和，黑格尔按照 18 世纪的英国人和法国人的先例，概括为'市民社会'。"[①] 是市民社会决定了国家，而不是国家决定了市民社会。马克思完成了世界观由客观唯心主义向一般唯物主义的初步转变。

在《黑格尔法哲学批判》中，马克思发现市民社会与国家相分离这一核心问题，国家是理性的体现，是普遍利益的代表，但在市民社会中，表现出对利益的争夺和阶级对抗，市民社会是真实的社会，体现着人与人的真实关系，而政治国家不过是人们真实生活的彼岸，对市民社会来说是一

---

① 中共中央 马克思 恩格斯 列宁 斯大林著作编译局. 马克思恩格斯选集：第 2 卷 [M]. 北京：人民出版社，2012：2.

种虚幻的存在。马克思认为，根本不是法律国家决定市民社会和私有财产，而是市民社会和私有财产决定国家和法律。

总之，在《莱茵报》工作时期是马克思批判思想形成的重要时期，这一重要性正如列宁所说，马克思的思想"已从唯心主义转向唯物主义，从革命民主主义转向到共产主义"①。马克思在这个时期逐渐背离了黑格尔思辨理性主义，逐步靠近费尔巴哈的人本学唯物主义，并以此为基础，超越了黑格尔思辨理性主义，创造了唯物辩证法。

2. 马克思社会批判理论的初步建构

1843 年，马克思在《德法年鉴》上发表了两篇重要的文章，《论犹太人问题》和《〈黑格尔法哲学批判〉导言》。《论犹太人问题》探讨了政治解放与人类解放的关系，《〈黑格尔法哲学批判〉导言》完成了马克思社会批判理论的最初建构。

马克思于 1844 年在《德法年鉴》上发表了《论犹太人问题》，批判了鲍威尔的宗教观和政治观。鲍威尔认为，犹太人要想获得政治解放，首先应该放弃犹太教，从宗教中解放出来，然后才有可能政治解放。于是，他把废除宗教看成解决问题的根本途径，并且认为"宗教在政治上的废除就是宗教的完全废除"②。而马克思并不赞成这种观点。在反驳过程中，马克思运用唯物主义原则对宗教解放与政治解放及其两者的关系做出了客观的分析。他指出，"政治解放当然是一大进步"，但它还没有"达到废除宗教，消灭宗教的地步"。政治解放的完成并没有使宗教废除，因为打破了单一宗教的专制统治（政教合一），而为多种宗教的并存和宗教信仰自由创造了宽松的政治环境，即信仰解放。如在政治解放已经完成的北美合众国就还是一个宗教盛行的国家，在那里，无神论者不被认为是诚实的人。所以，政治解放并不是政治国家的前提，"并没有消灭宗教本身，也没有消灭人的实际的宗教观念，而且它也不想消灭这种观念。"所以，"国家从

---

① 中共中央 马克思 恩格斯 列宁 斯大林著作编译局. 列宁专题文集：论马克思主义 [M]. 北京：人民出版社，2009：39.

② 中共中央 马克思 恩格斯 列宁 斯大林著作编译局. 马克思恩格斯文集：第1卷 [M]. 北京：人民出版社，2009：25.

宗教中得到解放并不等于现实的人从宗教中得到解放。"既然政治解放对宗教的批判是有限的，那么，又应如何看待宗教呢？马克思运用历史唯物主义的方法，结合人类发展历史、现实世界和政治生活阐发了宗教观。

马克思指出，"因为宗教的定在是一种缺陷的定在，那么这种缺陷的根源就只能到国家自身的本质中去寻找。……他们一旦消除了世俗限制，就能消除他们的宗教局限性。我们不把世俗问题化为神学问题。我们要把神学问题化为世俗问题。相当长的时期以来，人们一直用迷信来说明历史，而我们现在是用历史来说明迷信。"① 在这里，马克思把宗教狭隘性归结为现实世界的世俗桎梏，提出把神学问题化为世俗问题，用历史说明迷信，实质上也就是认为不应只在神学的范围内讨论宗教，因为宗教是现实的映射，对宗教的批判就是对现实世界的批判。这里马克思所言的"世俗桎梏"特指政治国家中人们的政治异化。马克思指出，"政治国家的成员信奉宗教，是由于个人生活和类生活之间、市民社会生活和政治生活之间的二元性；他们信奉宗教是由于人把处于自己的现实个性彼岸的国家生活当作他的真实生活；他们信奉宗教是由于宗教在这里是市民社会的精神，是人与人分离和疏远的表现。"② 政治国家自身的缺陷是宗教狭隘性的政治根源，这是世俗问题在神学上的体现。

《〈黑格尔法哲学批判〉导言》写于 1843 年年底，并于 1844 年 2 月发表在《德法年鉴》杂志上。马克思在其中总结并肯定了以青年黑格尔派为代表的德国民主主义革命运动开展宗教批判取得的理论成果和现实意义。马克思对如何实现人类解放和由什么力量来实现人类解放问题做了探讨，第一次明确阐述了无产阶级担负着实现人类解放的伟大历史使命的思想。这是马克思思想完全转到共产主义的重要标志。在《〈黑格尔法哲学批判〉导言》中，马克思批判了黑格尔关于国家产生社会、绝对理念产生社会实体的唯心主义的观点。

---

① 中共中央 马克思 恩格斯 列宁 斯大林著作编译局. 马克思恩格斯文集：第 1 卷 [M]. 北京：人民出版社，2009：27.

② 中共中央 马克思 恩格斯 列宁 斯大林著作编译局. 马克思恩格斯文集：第 1 卷 [M]. 北京：人民出版社，2009：36 – 37.

在《〈黑格尔法哲学批判〉导言》中，他汲取了费尔巴哈的唯物主义思想，特别是宗教是人的本质异化的思想，同时又在此基础上进行了超越，认为人不仅是费尔巴哈所指的生物意义上的人，而且是社会的、现实的人。马克思揭露了宗教的本质后，"对天国的批判变成对尘世的批判，对宗教的批判就变成对法的批判，对神学的批判变成对政治的批判。"① 这样就从对哲学和宗教的批判转向了政治批判，因为人在政治生活和现实生活中的表现是不一致的，单个社会成员在政治生活中本应是平等的，但是他们在尘世中的生活是不平等的，所以，政治解放还不是人类解放，必须通过无产阶级的阶级斗争才能真正实现彻底的人类解放。对人现实生活状态的关注意味着马克思社会批判理论的初步形成，基本建构了马克思社会理论的批判视域。

3. 马克思社会批判理论走向成熟

马克思通过对现实社会矛盾根源的追问和对费尔巴哈抽象人本质的进一步批判，在1845年写了《关于费尔巴哈的提纲》和《德意志意识形态》，马克思的社会批判理论逻辑又发生重大改变，从人的先验主体出发的异化史观被扬弃了，取而代之的是一个新的逻辑起点，即历史的、现实的、具体的社会实践，从而确立了科学的实践观和唯物史观，同时也标志着马克思的社会批判理论逐步走向成熟。

恩格斯评价《关于费尔巴哈的提纲》是"包含着新世界观的天才萌芽的第一个文件"，他批判了一切旧唯物主义和唯心主义，确立了科学的实践观点，"全部社会生活本质上是实践的，凡是把理论引向神秘主义的神秘东西，都能在人的实践中以及对这个实践的理解中得到合理的解决"②。马克思认为，现实的社会矛盾就是实践发展的产物，只有从实践出发才能去解释世界和改造世界，从而解决人与自然、人与社会的矛盾。

实践是马克思主义哲学区别于以往旧哲学的根本特征，是否从人改造

---

① 中共中央 马克思 恩格斯 列宁 斯大林著作编译局. 马克思恩格斯选集：第1卷［M］. 北京：人民出版社，2012：2.

② 同①，第135页。

世界的实践出发理解人和世界及其关系，是马克思主义哲学区别于一切旧唯物主义的最根本特征。包括费尔巴哈在内的一切旧唯物主义的主要缺陷是脱离人的感性的实践活动来理解客观事物，仅把客观事物看作人感性直观的对象，而看不到它首先是人的实践能动地改造的对象，看不到人的能动的实践对世界的影响，因而是一种直观的唯物主义。人是社会的主体，实践是人类一切社会生活和社会历史过程的基础，也是人类的政治活动、经济活动和精神活动的本质。《关于费尔巴哈的提纲》的第三条进一步指出："环境的改变和人的活动的一致，只能被看作是并合理地理解为革命的实践。"①《关于费尔巴哈的提纲》在马克思主义发展史上具有里程碑的意义，它标志着科学实践观的提出，使实践唯物主义与旧唯物主义和唯心主义完全区别开来，并且彻底驳倒了不可知论，从而将唯物主义的自然观、历史观和认识论在实践的基础上有机融合为一体。因此，实践在马克思主义哲学中具有非常重要的、基础性的地位和作用。

在《德意志意识形态》中，马克思确立了历史唯物主义世界观，此前，马克思主要是通过异化概念作为分析资本主义社会的批判工具，但异化本身并未得到清楚的说明，而马克思通过对生产力与生产关系的矛盾分析揭开了历史之谜，也找到了社会发展的动力，马克思认为，在生产中不仅生产出了物质生活资料，而且间接生产出了一切社会关系，这是历史运动的真相，也是区别于思想运动的主要依据，同时马克思还指出，私有制是自发分工的产物，出于劳动积累的必然性，它不是在思想观念和意识中产生的，人们之间的奴役和对抗究其实质是人们在物质生产领域中的支配与被支配的关系，是积累起来的物质财富对劳动者的统治权。

在马克思主义哲学史上，马克思和恩格斯的世界观经历了由唯心主义和革命民主主义向唯物主义和共产主义，再向辩证唯物主义、历史唯物主义和科学共产主义的两次转变。这两次转变的过程也就是马克思主义哲学

---

① 中共中央 马克思 恩格斯 列宁 斯大林著作编译局. 马克思恩格斯选集：第1卷［M］. 北京：人民出版社，2012：134.

的形成过程，是哲学领域革命变革实现的过程。①《德意志意识形态》就是这个过程大致完成的标志，它是马克思、恩格斯继《神圣家族》之后的第二部合作著作。这部主要以论战形式出现的著作，集中批判了黑格尔之后的思辨哲学，全面系统地阐述了历史唯物主义。至此，马克思社会批判理论走向了成熟。

（四）马克思历史观批判

马克思一生最伟大的两大理论贡献是创立唯物史观和发现剩余价值学说，马克思的唯物史观对人类关于社会历史产生、历史发展形式、历史发展动力、历史发展规律等一系列历史问题进行了科学分析和理论阐述。那么，如何准确地理解马克思历史观中变革的本质精神和思想？如何在马克思的人性观、实践观、社会观、历史观相统一的基础上整体性地把握马克思的哲学革命与唯物史观的伟大发现？以怎样的思维方式、解释原则、研究立场"回到马克思"和"走进马克思"，澄清对马克思历史观的种种误解？这是当代重新探究马克思历史观的思想前提和自觉意识。

从马克思思想发展轨迹和逻辑生成来看，马克思的历史观是从对以往历史观的批判继承和发展来的，阐述的是关于人类社会历史的根本观点和总的看法。

早期马克思的历史观深受黑格尔的影响，他的历史观属于唯心主义历史观。马克思在《德法年鉴》上发表的《论犹太人问题》和《〈黑格尔法哲学批判〉导言》这两篇文章表明，马克思完成了从唯心主义到唯物主义、从革命民主主义到共产主义的转变。《关于费尔巴哈的提纲》《德意志意识形态》的问世，标志着马克思唯物史观的形成。《共产党宣言》《〈政治经济学批判〉序言》《资本论》等著作的问世，表明马克思的思想与现实不断碰撞，历史观不断发展并逐步走向成熟。

以往的以神学历史观、英雄史观、人本史观为代表的唯心主义历史观，在马克思主义产生之前，长期占据统治地位，有着深刻的社会历史根

---

① 侯惠勤.《德意志意识形态》的理论贡献及其当代价值 [J]. 高校理论战线，2006（3）：16–24.

源、阶级根源和认识论根源。马克思批判、继承和发展了以往的历史观，坚持以社会存在决定社会意识为出发点理解人类社会历史的问题，创立了科学的历史观。这里主要介绍马克思对三位代表性人物即黑格尔、施蒂纳、费尔巴哈历史观的批判。

1. 对黑格尔及其青年黑格尔派历史观的批判

通过对黑格尔社会历史观的考察可以看出，黑格尔是个典型的客观唯心主义哲学家，他总是用他自己虚构出来的"理论""理性""精神"等去解释一切社会历史问题，如人类历史发展的动力和基础问题、人民群众和伟大人物在历史上的作用问题、世界历史的进程问题、国家问题、宗教问题等。黑格尔"不仅把整个物质世界变成了思想世界，而且把整个历史也变成了思想的历史"①。在他的社会历史观中，也像在他的整个哲学中一样，一切都是头脚倒置的，社会现象的真实关系是完全被歪曲了的。

但是，也应看到，黑格尔在探讨社会历史现象时，总是力图探究可以概括全部历史的普遍性原则和方法，力图发现社会发展的最一般特点和整个历史发展的动力。在他的思辨的社会历史观中，包含丰富的合理思想和众多的天才猜测。对此，恩格斯曾指出，黑格尔"是第一个想证明历史中有一种发展、有一种内在联系的人，尽管他的历史哲学中有许多东西现在在我们看来十分古怪，如果把他的前辈，甚至把那些在他以后敢于对历史作总的思考的人同他相比，他的基本观点的宏伟，就是在今天也还值得钦佩"②。黑格尔社会历史观中包含的合理思想对于马克思主义唯物史观的创立起过相当大的启发作用。恩格斯指出，黑格尔"给我们指出了一条走出这个体系的迷宫而达到真正地切实地认识世界的道路"③。列宁指出："历

---

① 中共中央 马克思 恩格斯 列宁 斯大林著作编译局. 马克思恩格斯全集：第3卷 [M]. 北京：人民出版社，1960：16.

② 中共中央 马克思 恩格斯 列宁 斯大林著作编译局. 马克思恩格斯选集：第2卷 [M]. 北京：人民出版社，2012：12.

③ 中共中央 马克思 恩格斯 列宁 斯大林著作编译局. 马克思恩格斯选集：第4卷 [M]. 北京：人民出版社，2012：226.

史唯物主义，是在黑格尔那里处于萌芽状态的天才思想——种子——的一种应用和发展。"① 恩格斯甚至直截了当地指出，黑格尔"这个时代的历史观是新的唯物主义观点的直接理论前提"。

黑格尔的社会历史观是历史唯物主义的直接理论前提，马克思、恩格斯在批判继承黑格尔的合理思想基础上创立了唯物史观，这一观点已被大多学者认同。然而，在马克思、恩格斯是如何批判继承黑格尔的问题上，出现了众多分歧。我国传统哲学教科书认为，这种批判继承就是把黑格尔的唯心史观做了唯物主义的"颠倒"；"西方马克思主义"学者卢卡奇等人则致力于把马克思主义黑格尔化，更多强调马克思和黑格尔之间的理论联系，而忽视了他们的本质区别。我们认为，教科书的观点不仅犯了简单化的错误，更严重的是，没有真正把握马克思主义在社会历史观上实现革命性变革的实质；黑格尔主义的"西方马克思主义"学派从相反的方向犯了同样的错误。事实上，马克思、恩格斯既汲取了黑格尔的许多合理思想，又从根本上超越了他，而这种超越正是在科学实践观的基础上实现的。

忽视现实生活的生产，脱离人与自然的关系来描述历史，用各种各样的精神、观念来说明历史发展的动力，这是过去一切历史观的根本缺陷。对此，马克思指出："迄今为止的一切历史观不是完全忽视了历史的这一现实基础，就是把它仅仅看成与历史过程没有任何联系的附带因素。因此，历史总是遵循在它之外的某种尺度来编写的；现实的生活生产被看成是某种非历史的东西，而历史的东西则被看成是某种脱离日常生活的东西，某种处于世界之外和超乎世界之上的东西。这样，就把人对自然界的关系从历史中排除出去了，因而造成了自然界和历史之间的对立。因此，这种历史观只能在历史上看到政治历史事件，看到宗教的和一般理论的斗争，而且在每次描述某一历史时代的时候，它都不得不赞同这一时代的幻想。"② 这种脱离现实的生产，脱离现实的利益，把历史看成概念发展史、

---

① 中共中央 马克思 恩格斯 列宁 斯大林著作编译局. 列宁全集：第 55 卷 [M]. 北京：人民出版社，1990：160.

② 中共中央 马克思 恩格斯 列宁 斯大林著作编译局. 马克思恩格斯选集：第 1 卷 [M]. 北京：人民出版社，2012：173.

精神发展史的唯心主义的历史观，在当时的德国特别流行，"黑格尔的历史哲学是整个这种德国历史编纂学的最终的、达到自己'最纯粹的表现'的成果"①。为了批判这种唯心主义历史观，马克思对青年黑格尔派的历史观做了重点的分析和批判。青年黑格尔派与黑格尔把历史看成与概念发展史、绝对精神发展史一样，他们的历史观也把历史描述为概念的发展史，只不过表述的方式不同而已。如鲍威尔把历史看成观念的发展史，具体来说，历史是批判和批判者创造的历史，因而，历史的发展就表现为"一连串的'思想'，其中一个吞噬一个，最终消失于'自我意识'中"②，即他的"自我意识"战胜和消灭了前人所有的观念。

2. 对施蒂纳历史观的批判

施蒂纳的历史观虽然是批判黑格尔的历史观的，但与黑格尔的历史观在本质上是一样的，即都把抽象的概念宣布为全部历史的基础和动力，从而把历史变成了观念的发展史和单纯的哲学史。然而，和青年黑格尔派的其他人不同，他反对用任何普遍性的概念代替黑格尔的绝对精神，除唯一存在的个人和无所不能的"自我"，他不承认任何其他的东西。他和费尔巴哈一样，也企图把黑格尔哲学倒转过来，但他不是在精神和物质的关系上倒转过来，而是在一般和个别的、普遍的和特殊的关系上倒转过来。在黑格尔那里，一切都被归结为一般和普遍，即归结为抽象的逻辑范畴。施蒂纳则把这一切倒转过来，宣称个别的东西，即自我或个人是唯一的主宰者。他反对任何一般的东西，认为无论是施特劳斯的"实体"，还是鲍威尔的"自我意识"以及费尔巴哈的"人"，都是属于一般的、普遍的东西，而任何一般和普遍都会导致对个人特性的扼杀和限制，他就这样把个别与一般、特殊与普遍绝对地对立起来。从上述基本的立场出发，施蒂纳把社会历史看成个体发展史的放大。

施蒂纳是如何从自我这个唯一者来说明人类历史的发展的呢？在《唯

---

① 中共中央 马克思 恩格斯 列宁 斯大林著作编译局. 马克思恩格斯选集：第1卷 [M]. 北京：人民出版社，2012：174.

② 同①，第173页。

一者及其所有物》一书中，他编造历史是以三个范畴为基础的，即唯实主义、唯心主义、利己主义。他从人的个体发展中找出了这三个基本范畴的对应体，即儿童、青年、成人。他们是个人在通向真正的利己主义道路上的三个发展阶段。在施蒂纳看来，儿童是唯实主义的化身，因为儿童拘泥和迷恋事物世界。随着时间的推移，儿童将摆脱具体事物世界，进入青年阶段。青年的特点是力求掌握思想，追求纯粹思想，他的心灵被思想世界的一切光辉形象，如真理、自由、人道、哲学、宗教等照耀和鼓舞，因此，青年是唯心主义的化身。但是，由于青年的自我精神具有不完善性，很容易坠入幻想，因此，人类在脱离了易于幻想的青年时期以后，便进入成人阶段。与处在青年时期的人们不同，处于成年时期的人们更加把自己作为中心，思考问题更实际，完全意识到"我"的价值，因此是真正的利己主义者。在成人阶段，事物世界与精神世界达到统一，精神与我达到统一。"我"成为世界的创造者，整个世界变成"我"的所有物。因此，"我"可以随心所欲地处理事物和思想，并且把"我"的利益置于一切之上。

当施蒂纳把他个体发展史，即所谓"人生"发展各阶段的模型投射到世界历史中时，他的"儿童—青年—成人"三部曲，就变成"古代人—近代人—完善的人"三部曲。古代人（黑人）是人类的童年，近代人（蒙古人）是青年，完善的人（高加索人）是人类的成年。

以上就是施蒂纳编造历史时使用的一套思辨结构方法。可以看出，施蒂纳根据这种方法编造出来的历史与现实的历史是毫无关系的，实际上是一种矫揉造作、任意剪裁的哲学史和观念演变史。总之，施蒂纳认为，以往的一切历史发展都被"圣物"统治着，因此，未能上升到真正的利己主义意识，而利己主义才是历史发展的趋势和真理，只有通过创造性的"我"的自我意识，才能否定"圣物"的统治，成为利己主义的"我"自身，达到"唯一者"。马克思对施蒂纳的这种观点做了批判，他指出："圣麦克斯·施蒂纳更加彻底，他对全部现实的历史一窍不通，他认为历史进程必定只是'骑士'、强盗和怪影的历史，他当然只有借助于'不信神'才能摆脱这种历史的幻觉而得救。"

3. 对费尔巴哈历史观的批判

在批判鲍威尔和施蒂纳的时候，马克思还批判了费尔巴哈的错误。费尔巴哈在自然观上本来是一个唯物主义者，但他在同施蒂纳论战时，既否定自己是唯物主义者，也否定自己是唯心主义者，他认为他是人，是社会的人，因此是共产主义者。从费尔巴哈称自己是共产主义者的推论中可以看出，他借助"社会的人"这一概念把共产主义"这一规定变成'一般'人的谓语，把表达现存世界中特定革命政党的拥护者的'共产主义者'一词变成了一个纯范畴"①。那么，在费尔巴哈那里，社会的人或人的社会性指的是什么呢？指的就是人与人之间的自然属性方面的联系，是人们肉体方面的需要和联系，特别是从男人和女人之间的相互需要来理解人和人的相互关系。所以，马克思认为："费尔巴哈关于人与人之间的关系的推论无非是要证明：人们是互相需要的，而且过去一直是互相需要的。"② 在费尔巴哈人本主义哲学中，这种关系要求人们都要相亲相爱，很显然，从这种人与人的相亲相爱的关系理解共产主义没有任何真正的共产主义的内容，充其量只是反映资本主义制度下，因分工造成的人的发展的相互依赖关系，只是对现存事实的理解，与无产阶级在推翻现存的资本主义基础上建立的共产主义根本不同。这表明，费尔巴哈虽然自称是共产主义者，但实际上，他对共产主义的理解，只是达到了资产阶级理论家、哲学家所能达到的水平。

费尔巴哈从人本主义的立场上引申出来的共产主义的观点，对无产阶级是无用的，这也说明费尔巴哈的人本主义的唯物主义不能成为无产阶级的世界观和方法论。相反，鲍威尔和施蒂纳却利用费尔巴哈关于共产主义的观点制造混乱。所以，马克思指出："圣布鲁诺和圣麦克斯立即用费尔巴哈关于共产主义者的观念来代替真正的共产主义者，这样做的目的多少是为了使他们能够像同'产生于精神的精神'、同哲学范畴、同势均力敌

---

① 中共中央 马克思 恩格斯 列宁 斯大林著作编译局. 马克思恩格斯选集：第 1 卷［M］. 北京：人民出版社，2012：176.
② 同①。

的对手作斗争那样来同共产主义作斗争，而就圣布鲁诺来说，这样做也还是为了实际的利益。"① 这就是说，鲍威尔和施蒂纳就像他们用自己的精神和观念去对抗、代替另一种精神和观念一样，试图用费尔巴哈的共产主义观念代替、反对真正的共产主义。

费尔巴哈之所以错误地理解共产主义，从理论层面上来看，这与他片面地理解存在与本质的关系有关。马克思指出，在费尔巴哈看来，"某物或某人的存在同时也就是某物或某人的本质；一个动物或一个人的一定生存条件、生活方式和活动，就是使这个动物或这个人的'本质'感到满意的东西。任何例外在这里都被肯定地看作是不幸的偶然事件，是不能改变的反常现象"②。如"鱼的'本质'是它的'存在'，即水。河鱼的'本质'是河水。但是，一旦这条河由工业支配，一旦它被染料和其他废料污染，河里有轮船行驶，一旦河水被引入，简单地把水排出去就能使鱼失去生存环境的水渠，这条河的水就不再是鱼的'本质'了，对鱼来说，它将不再是适合生存的环境了"③。马克思认为，这种观点是错误的，是用自然界的情况来说明人类世界的情况，"如果千百万无产者根本不满意他们的生活条件，如果他们的'存在'同他们的'本质'完全不符合，那么，根据上述论点，这是不可避免的不幸，应当平心静气地忍受这种不幸。可是这与千百万无产者或共产主义者所想的完全不一样，而且这一点他们将在适当的时候，在实践中，即通过革命使自己的'存在'同自己的'本质'协调一致的时候予以证明"④。也就是说，真正的共产主义就是要通过革命改变无产者现有的不合理的生存条件，解放无产者、解放全人类。费尔巴哈恰恰不懂得这一点，他理解的共产主义就是要人们在忍受现存的不合理的资本主义制度的前提下，追求一种抽象的友谊和爱。费尔巴哈的这种观点被施蒂纳和鲍威尔利用，施蒂纳认为，工人的存在和本质的矛盾，"是

---

① 中共中央 马克思 恩格斯 列宁 斯大林著作编译局. 马克思恩格斯选集：第 1 卷 ［M］. 北京：人民出版社，2012：177.

② 同①.

③ 同①，第 177 – 178 页.

④ 同①.

他们自己的矛盾，这种恶劣环境是他们自己的恶劣环境，而且他们可以或者安于这种环境，或者忍住自己的不满，或者以幻想的方式去反抗这种环境"①。鲍威尔的观点与施蒂纳的观点没有区别，"布鲁诺说，这些不幸情况的发生是由于那些当事人陷入'实体'这堆粪便之中，他们没有达到'绝对自我意识'，也没有认清这些恶劣关系产生于自己精神的精神"②。

1883 年 3 月，恩格斯在《在马克思墓前的讲话》中指出："正像达尔文发现有机界的发展规律一样，马克思发现了人类历史的发展规律，即历来为繁茂芜杂的意识形态所掩盖着的一个简单事实：人们首先必须吃、喝、住、穿，然后才能从事政治、科学、艺术、宗教等等；所以，直接的物质的生活资料的生产，从而一个民族或一个时代的一定的经济发展阶段，便构成基础，人们的国家设施、法的观点，艺术以至宗教观念，就是从这个基础上发展起来的，因而，也必须由这个基础来解释，而不是像过去那样做得相反。"③ 马克思发现了人类社会历史的发展规律，创立了唯物史观。

2.2　新时代斗争精神与方法

批判、斗争与革命行为方式的激烈程度虽然不一样，但都是认识问题和处理问题的重要方法和手段。在学术理论研究上一般使用批判的方式，在重大任务攻坚克难上需要进行斗争，在事物性质变革上往往需要革命。新时代理解方法论视域中的批判、斗争和革命主要还是从哲学的维度来把握，要坚持辩证唯物主义和历史唯物主义的根本方法为指导，传承和发展

---

① 中共中央 马克思 恩格斯 列宁 斯大林著作编译局. 马克思恩格斯选集：第 1 卷［M］. 北京：人民出版社，2012：178.

② 同①。

③ 中共中央 马克思 恩格斯 列宁 斯大林著作编译局. 马克思恩格斯选集：第 3 卷［M］. 北京：人民出版社，2012：1002.

马克思主义的批判与斗争精神。

党的十九大报告指出:"实现伟大梦想,必须进行伟大斗争。"① 进行伟大斗争,必须发扬斗争精神,增强斗争本领,讲究斗争方法。

2.2.1 发扬斗争精神

马克思主义话语体系中的"斗争"是指对现存世界的革命化,是为了改造旧世界、建立新世界。新时代的伟大斗争既包括思想批判,也包括行为斗争,思想领域的意识形态领导权斗争、政治上反腐败斗争、经济上全球资源分配斗争、军事上反民族分裂斗争等都是伟大斗争的表现。新的伟大斗争具有"新的历史特点",斗争对象多元化,斗争形式多样化,呈现难度大、隐蔽性强的特点。

(一) 斗争精神是马克思主义的理论底色

马克思在《〈政治经济学批判〉序言》中指出:"批判的武器当然不能代替武器的批判,物质力量只能用物质力量来摧毁;但是理论一经掌握群众,也会变成物质力量。"② 这是马克思关于批判理论一段经典的论述,群众既需要"批判的武器",也需要"武器的批判",两者不可或缺,无论是理论批判,还是实践批判都蕴含着丰富的斗争精神。

一部马克思主义发展史就是一部批判史、一部斗争史,批判与斗争始终贯穿马克思主义理论的形成和发展,是马克思主义鲜明的理论品格和理论底色。从马克思对宗教、政治经济学、社会、历史观等系列批判中可以看出,马克思主义无一不是处于斗争之中。马克思主义并不是从书斋里走出来的学问,它是基于实践中经历艰苦卓绝的斗争形成的。

继承马克思的批判理论,就要弘扬马克思的批判与斗争精神。在思想理论层面,马克思、恩格斯早期与唯心主义、旧唯物主义、机会主义等代表性的思想进行了针锋相对的斗争,中后期对各种马克思主义、非马克思

---

① 习近平. 决胜全面建成小康社会 夺取新时代中国特色社会主义伟大胜利:在中国共产党第十九次全国大会上的报告 [N]. 人民日报, 2017-10-28 (1).

② 中共中央 马克思 恩格斯 列宁 斯大林著作编译局. 马克思恩格斯选集:第1卷 [M]. 北京:人民出版社, 2012:9.

主义思想进行持续深入的彻底斗争，捍卫了真正马克思主义。在革命实践层面，《共产党宣言》的发表为国际工人运动、无产阶级革命提供了科学的行动指南和指导思想，吸取巴黎公社失败的教训，总结十月革命成功的经验，从欧洲到美洲，从大洋洲到亚洲，无产阶级政党纷纷建立，无产阶级革命走向高潮，革命斗争实践为马克思主义理论的传播与发展提供了阶级基础。

马克思的一生是革命斗争的一生。恩格斯曾高度评价："斗争是他的生命要素。很少有人像他那样满腔热情、坚韧不拔和卓有成效地进行斗争。"① 为了建立新世界、推翻旧世界，马克思对资本主义制度和资产阶级属性进行了无情的批判和斗争，这种批判和斗争精神至今仍有十分重要的理论意义和当代价值。

（二）斗争精神是中华民族的精神财富

盘古开天、神农尝百草、夸父追日、愚公移山、精卫填海、卧薪尝胆等中国故事体现的都是一种难能可贵的斗争精神。斗争精神在中华优秀传统文化中表现为自强不息、锲而不舍的执着精神，敢于斗争、勇于胜利的进取精神，披荆斩棘、不畏艰险的奋斗精神。

中华优秀传统文化是中华民族的"根"和"魂"，是中华民族的突出优势。《周易·乾卦》中的"天行健，君子以自强不息"，激励了无数仁人志士顽强拼搏；《礼记·大学》中"苟日新，日日新，又日新"，彰显了中华儿女求新、求变的决心。中华优秀传统文化滋养了中华民族的斗争精神，使中华文明屹立在世界东方，成为最古老的文明之一，成为世界文明的璀璨明珠。中华民族为人类做出了卓越贡献，成为世界上伟大的民族。

近代以来，由于封建统治的腐败、西方列强的入侵，中国逐渐沦为半殖民地半封建社会，山河破碎、生灵涂炭，民不聊生，中华民族遭受了前所未有的苦难。为了救亡图存，国家统一，中华儿女进行了英勇斗争，特别是在中国共产党的领导下，寻找到了一条符合中国国情的社会主义道

---

① 中共中央 马克思 恩格斯 列宁 斯大林著作编译局. 马克思恩格斯选集：第3卷［M］. 北京：人民出版社，2012：1003.

路。斗争精神已然成为中华民族的宝贵精神财富。

（三）斗争精神是共产党员的精神品质

新文化运动的兴起和俄国十月革命的胜利促进了马克思主义同中国工人运动的结合，作为无产阶级先锋队的共产党员率先垂范、英勇斗争，成立了中国共产党。为中国人民谋幸福、为中华民族谋复兴是中国共产党的初心和使命，中国共产党从弱小变成强大，从苦难走向辉煌，靠的就是共产党员的斗争精神。

中国共产党人在中国革命、建设和改革各个时期，通过斗争谱写了党史的辉煌篇章，形成了中国共产党人的精神谱系。新民主主义革命时期的井冈山精神、苏区精神、长征精神、延安精神、伟大抗战精神、南泥湾精神等，社会主义革命和建设时期的抗美援朝精神、大庆精神、北大荒精神、塞罕坝精神等，改革开放和社会主义现代化建设新时期的改革开放精神、特区精神、抗震救灾精神、航天载人精神等，中国特色社会主义新时代的脱贫攻坚精神、伟大抗疫精神、探月精神等不无体现了共产党员的斗争精神。共产党员的斗争精神突出表现为不畏艰险、坚守信念、敢于牺牲、勇往直前，这是共产党员的精神品质。

2.2.2　增强斗争本领

广大干部，特别是年轻干部要经受严格的思想淬炼、政治历练、实践锻炼，发扬斗争精神，增强斗争本领，为实现中华民族伟大复兴的中国梦而顽强奋斗。这是新时代党员干部增强斗争本领、实现健康成长的重要指引。

在思想淬炼中增强理论斗争本领。广大党员干部要自觉学习和掌握马克思主义基本原理，读原著、学原文、悟原理，善于运用马克思主义立场、观点和方法进行理论斗争，夯实思想基础。重点掌握马克思主义中国化的发展历程、理论成果，切实做到学懂弄通、学思践悟。在重大理论、大是大非问题上，以及形形色色、迷惑人心的社会思潮中，广大党员干部思想上要清醒，理论上要明白，要有理讲得出，有理讲得好，发扬斗争精神、敢于斗争，善于运用正确的理论进行斗争，在思想淬炼中增强理论斗争的本领。

在政治历练中增强政治斗争本领。年轻干部要不断经历政治历练，牢固树立"四个意识"，坚定"四个自信"，做到"两个维护"，牢记"国之大者"，自觉明辨政治是非、把稳政治方向、坚持政治领导、站稳政治立场，积极同一切错误思想和行为进行坚决斗争，做政治上的明白人。

在实践锻炼中增强综合斗争本领。斗争本领不是与生俱来的，无论是思想淬炼，还是政治历练，最终都要在实践斗争中增强本领、磨砺毅力、丰富经验，因此，只有在实践斗争中才能学会斗争。当前，国内外斗争形势十分严峻，要学会在斗争中正确妥善处理纷繁复杂的斗争问题。

2.2.3 讲究斗争方法

"斗争是一门艺术，要善于斗争。"习近平同志在 2019 年秋季学期中央党校（国家行政学院）中青年干部培训班开班式上分别从历史和现实相贯通、国际和国内相关联、理论和实际相结合的宽广视角，强调广大干部特别是年轻干部要掌握斗争规律、讲求斗争方法，为我们切实发扬斗争精神、增强斗争本领提供了深刻的认识论和科学的方法论。"加强干部斗争精神和斗争本领养成，着力增强防风险、迎挑战、抗打压能力，带头担当作为，做到平常时候看得出来、关键时刻站得出来、危难关头豁得出来。"[1] 斗争是有章法的，不是蛮斗、滥斗、瞎斗，不是逞强好胜、争勇斗狠，而是要注重策略，讲究方法。

斗争要把握"气"。"气"就是勇气，即坚持敢于斗争的勇气。"敢于斗争、敢于胜利，是党和人民不可战胜的强大精神力量。"[2] 坚持敢于斗争是我们党在第三个历史决议中总结的十个方面成就之一。我们党生逢乱

---

① 习近平. 高举中国特色社会主义伟大旗帜 为全面建设社会主义现代化国家而团结奋斗：在中国共产党第二十次全国代表大会上的报告 [EB/OL]. (2022 – 10 – 16) [2022 – 10 – 26]. http://cpc. people. com. cn/n1/2022/1026/c64094 – 32551700. html.

② 中共中央关于党的百年奋斗重大成就和历史经验的决议 [M]. 北京：人民出版社，2021：69.

世,党的伟大成就不是靠别人扶持和施舍得来的,而是我们党在内忧外患、历尽磨难、攻坚克难的历练中得来的。步入新时代,这更加要求我们广大党员要不怕牺牲,增强斗争勇气和斗争本领,把握好新时代新的伟大斗争的历史特点,在党和国家面临的重大历史事件和历史关头,发扬斗争精神,敢于斗争、敢于亮剑,凝聚起全党全国人民的意志和力量,抵御、防范、化解一切可以预见和不可预见的风险挑战。

斗争要把握"势"。"善战之,求之于势","势"指的就是局面、趋势和规律。我们党的斗争在任何时候都讲究大局观、全局观,要求广大党员干部要有大局观念、全局观念。"要增强全党全国各族人民的志气、骨气、底气,不信邪、不怕鬼、不怕压,知难而进、迎难而上,统筹发展和安全,全力战胜前进道路上各种困难和挑战,依靠顽强斗争打开事业发展新天地。"① 当前,建设中国特色社会主义伟大事业,实现中华民族崛起的伟大梦想,这是大势所趋、人心所向,中国发展已进入了不可逆的发展轨道,任何想阻挡、想妨碍中国发展的因素,我们必须都要与之斗争、对其批判,比如分裂活动、腐败现象等,因此,只有把握了事物发展的大局和趋势,在斗争中才不会迷失方向。

斗争要注意"度"。斗争要注意事物的性质和对象的范围,过犹不及讲的就是"度",说的就是"边界"。如 1957 年 2 月,毛泽东同志在最高国务会议上发表《如何处理人民内部的矛盾》的讲话中指出,矛盾是普遍存在的,社会主义社会也充满着矛盾。社会主义社会存在着敌我矛盾和人民内部矛盾两类性质不同的矛盾。前者需要用强制、专政的方法去解决,后者只能用民主的、说服教育的、"团结—批评—团结"的方法去解决。关于"度"问题,我们党在社会主义建设探索中斗争扩大化的问题就是没有把握好"度"即斗争范围的问题。

斗争要找准"点"。矛盾既然普遍存在,就存在主要矛盾和次要矛盾,以及矛盾的主要方面和次要方面,因此,斗争要找准"点",抓住"牛鼻

---

① 习近平. 高举中国特色社会主义伟大旗帜 为全面建设社会主义现代化国家而团结奋斗:在中国共产党第二十次全国代表大会上的报告 [EB/OL]. (2022 – 10 – 16) [2022 – 10 – 26]. http://cpc. people. com. cn/n1/2022/1026/c64094 – 32551700. html.

子"。比如，党的十八大以来，强调反腐永远在路上。为了彻底整治腐败问题，提出将权力关进制度的牢笼，让权力在阳光下运行，建立了不敢腐、不能腐、不想腐的长效机制。另外，当代社会思潮复杂，网络舆论乱象丛生，容易滋生拜金主义、享乐主义、极端个人主义和历史虚无主义等错误思潮，甚至出现部分党的领导思想政治立场模糊、斗争精神薄弱，严重影响人们思想和社会舆论环境。党员干部要警惕网络各种不良"主义"风向，敢于同其斗争，必须坚持以人民为中心的工作导向，牢牢掌握意识形态工作领导权，处理好工作中的主次矛盾。"更好构筑中国精神、中国价值、中国力量，巩固全党全国各族人民团结奋斗的共同思想基础。"①

---

① 中共中央关于党的百年奋斗重大成就和历史经验的决议［M］. 北京：人民出版社，2021：69.

第三章 辩证分析方法

在马克思、恩格斯创立唯物辩证法之前，德国古典哲学集大成者黑格尔被誉为辩证法大师。马克思、恩格斯给予了高度评价，恩格斯说："黑格尔第一次——这是他的巨大功绩——把整个自然的、历史的和精神的世界描写为一个过程，即把它描写为处在不断的运动、变化、转变和发展中，并企图揭示这种运动和发展的内在联系。"[①] 在此，恩格斯充分肯定了黑格尔辩证法的合理性，但企图用辩证法来揭示所有事物和现象的运动和发展的内在联系，注定是徒劳的，因为黑格尔将辩证法神秘化了，脱离了现实的社会实践，是建立在唯心主义之上的绝对精神的辩证法。

马克思认为，纯粹的思辨是黑格尔哲学体系的逻辑起点，黑格尔的哲学是从抽象的思辨出发，而非从现实出发，既无法解释社会现象，也无法改变现实世界，这种"头足倒置"的哲学体系在本质上只能是抽象的、神秘的、思辨的。即便如此，黑格尔的哲学体系就一无是处了吗？在马克思看来，辩证法是黑格尔哲学中最有价值的东西。马克思曾指出："辩证法在黑格尔手中神秘化了，但这绝没有妨碍他第一个全面地有意识地叙述了辩证法的一般运动形式。在他那里，辩证法是倒立着的，必须把它倒过来，以便发展神秘外壳中的合理内核。"[②] "黑格尔的《现象学》及其最后成果——辩证法，作为推动原则和创造性原则的否定性——的伟大之处首

---

① 中共中央 马克思 恩格斯 列宁 斯大林著作编译局. 马克思恩格斯选集：第 3 卷 ［M］. 北京：人民出版社，2012：398.

② 中共中央 马克思 恩格斯 列宁 斯大林著作编译局. 马克思恩格斯全集：第 44 卷 ［M］. 北京：人民出版社，2001：22.

先在于，黑格尔把人的自我产生看作一个过程，把对象化看作非对象化，看作外化和这种外化的扬弃。"① 马克思对辩证法进行了辩证的否定，拯救出了本质上是革命的、批判的辩证法，认为要从现实的人、人的实践活动出发去批判地继承和发展黑格尔的辩证法，用实践的辩证法扬弃黑格尔辩证法中神秘化的内容，这样的辩证法才有认识和改造世界的能力。

黑格尔的辩证法是唯物辩证法的重要理论来源之一，马克思、恩格斯的唯物辩证法正是在批判继承黑格尔的辩证法基础之上，抛弃了唯心主义，吸收其哲学体系中的合理内核而创立的。唯物辩证法是科学的世界观与方法论的统一，是研究自然、人类社会和思维运动一般规律的科学，是人们认识世界和改造世界的哲学工具。唯物辩证法在马克思主义理论体系中占有重要的理论地位和作用，被马克思主义的继承者不断创新与发展，尤其是与中国的具体实践相结合，与中华优秀传统文化相结合，马克思主义辩证法在新时代焕发出新的光芒。

3.1　马克思主义辩证法

资本主义进入垄断阶段，加紧了对工人阶级的剥削，工人生活境况苦不堪言，面对资本家的剥削、压迫，各国工人纷纷觉醒，勇于反对资本家，争取自身权益，欧洲三大工人运动充分表明无产阶级已经觉醒，标志着无产阶级已经作为一支独立的政治力量登上了历史的舞台。马克思的唯物辩证法成为阶级斗争的有力武器，工人阶级在斗争中运用辩证法这一最新的哲学工具去分析社会现实问题，揭示资产阶级必然会灭亡的真理。恩格斯指出："辩证法，在其合理形态上，引起资产阶级及其空论主义的代言人的恼怒和恐怖，因为辩证法在对现存事物的肯定的理解中同时包含对

---

① 中共中央 马克思 恩格斯 列宁 斯大林著作编译局. 马克思恩格斯全集：第3卷［M］. 北京：人民出版社，1960：319-320.

现存事物的否定的理解，即对现存事物的必然灭亡的理解；辩证法对每一种既成的形式都是从不断的运动中，因而也是从它的暂时性方面去理解；辩证法不崇拜任何东西，按其本质来说，它是批判的和革命的。"①唯物辩证不仅在阶级斗争中得到充分运用，在分析社会经济、人类历史、自然科学等方面也得到全面发展。列宁在谈到唯物辩证法的运用和发展时指出："用唯物辩证法从根本上来改造全部政治经济学，把唯物辩证法应用于历史、自然科学、哲学以及工人阶级的政策和策略——这就是马克思和恩格斯最为注意的事情，这就是他们做了最重要最新颖的贡献的地方，这就是他们在革命思想史上英明地迈进的一步。"②

3.1.1 批判继承黑格尔的辩证法

马克思在柏林大学学习期间，思想上遇到了"现有"与"应有"的对立，解决思想的疑问需要用科学的理论和方法，在探索过程中发现康德与费希特的哲学并不适用，因此，马克思把目光转移到黑格尔，他刻苦专心研究黑格尔的著作，这次的研究让他充分认识到了辩证法这一哲学工具的重要价值，使他逐渐成为黑格尔辩证法的崇拜者和信仰者。马克思在1841年把黑格尔的辩证法思想运用在他的博士论文《德谟克利特的自然哲学与伊壁鸠鲁的自然哲学的差别》中。他在这篇论文中解决古希腊哲学史上一直尚未解决的问题，即德谟克利特的自然哲学与伊壁鸠鲁的自然哲学的差别，这与以往的哲学家们的观点是相反的。德谟克利特认为，原子的运动只有直线下坠和相互排斥这两种形式，是机械性质的；而伊壁鸠鲁在德谟克利特原子的两种运动形式中加入了第三种运动——原子偏离原来的直线下坠轨道的运动，这种运动是辩证的、能动的。马克思认为，原子偏离轨道就是对原子直线下坠运动的否定，这个是辩证性质的，是整个伊壁鸠鲁思想的精髓。马克思的辩证法思想开始萌芽、生长了，有学者认为："马

---

① 中共中央 马克思 恩格斯 列宁 斯大林著作编译局．马克思恩格斯文集：第5卷［M］．北京：人民出版社，2009：22．
② 中共中央 马克思 恩格斯 列宁 斯大林著作编译局．列宁专题文集·论辩证唯物主义与历史唯物主义［M］．北京：人民出版社，2009：335．

克思对古希腊罗马哲学的研究，是在掌握了黑格尔哲学的基础上进行的，他对于伊壁鸠鲁哲学中所包含的辩证法思想的发掘和阐释，说明他已经深刻地理解黑格尔辩证法的精神实质，并能够比较熟练地运用辩证法，解决某些重大的哲学理论问题。这时，他的世界观基本上还是唯心主义的，而方法论却是辩证法的了。"①

1842 年，马克思在担任《莱茵报》主编时，马克思接触到了社会现实，遇到了利益问题，先后写了《评普鲁士最近的书报检查令》《关于林木盗窃法的辩论》《摩泽尔记者的辩护》等文章，揭露了统治者的专制性，同时，各阶级的物质利益冲突、物质利益以及国家和法的关系困扰着马克思，认识到理性自由主义无法解决他所面临的现存状况，马克思对黑格尔的理论体系产生了质疑，这促使他对黑格尔法哲学进行了进一步批判性研究。马克思指出："1842—1843 年间，我作为《莱茵报》的编辑，第一次遇到要对所谓物质利益发表意见的难事……为了解决使我苦恼的疑问，我写的第一部著作是对黑格尔法哲学的批判性分析……"② 在对黑格尔法哲学的批判中，马克思的思想发生了转变，逐渐由黑格尔的唯心立场转向了费尔巴哈的人本立场，即由唯心主义转向一般唯物主义，在对费尔巴哈思想的批判中又从一般唯物主义转向历史唯物主义，这为马克思将唯物主义与辩证法结合起来形成辩证唯物主义奠定了思想基础。

写于 1843 年的《黑格尔法哲学批判》是马克思的一本早期著作，也是马克思批判黑格尔哲学的第一部著作。马克思世界观的转变，是从批判黑格尔的法哲学开始的。首先，马克思从矛盾对立的视角肯定了黑格尔的辩证法，马克思指出，"黑格尔的深刻之处也正是在于他处处都从各种规定（像存在于我们的各个邦里的那类规定）的对立出发，并把这种对立加以强调。"③ 马克思把现实的对立面分为两类，即同一本质的对立面和本质

---

① 孟庆仁. 科学世界观的历程：唯物辩证法简史 [M]. 南宁：广西人民出版社，1991：18.

② 中共中央 马克思 恩格斯 列宁 斯大林著作编译局. 马克思恩格斯选集：第 2 卷 [M]. 北京：人民出版社，2012：1 - 2.

③ 中共中央 马克思 恩格斯 列宁 斯大林著作编译局. 马克思恩格斯全集：第 1 卷 [M]. 北京：人民出版社，1956：312.

不同的对立面，强调对立面的斗争在矛盾中的地位和作用。矛盾的两个极端的地位是各不相同的。马克思认为："尽管两个极端都是真正地存在着，都的确是极端的，但是使它们成为极端的特性却仍然只包含在其中一个极端的本质中，对于另一个极端则没有真正现实的意义。一个极端占了另一个极端的上风，两个极端的地位各不相同。""本质的真正二元论是没有的。"① 马克思的这一思想揭示了矛盾着的两个方面在地位上是不同的，二者地位相同是不存在的，只能是一个占另一个的"上风"。其次，马克思从逻辑对象的虚无性批判了黑格尔的辩证法。黑格尔的概念辩证法是从"理念"出发，在头脑的逻辑中完成的，马克思指出，黑格尔"在任何地方都把理念当作主体""这种逻辑发展纯粹是一种假象"②，黑格尔的这种唯心主义立场把辩证法引入了神秘地带。马克思认为辩证法应当从现实的对象出发。"辩证法不过是关于自然界、人类社会和思维的运动和发展的普遍规律的科学。"③ 马克思认为唯物主义是合理形式的辩证法的前提，马克思指出："应当从现实的主体出发，并把它的客体化作为自己的研究对象。"④ 也正是从唯物主义的前提出发，对黑格尔的唯心辩证法进行了彻底改造。最后，马克思提出，必须从把握特殊对象的特殊逻辑去理解特殊矛盾的根源和必要性，这说明了马克思已经提出了与黑格尔唯心主义辩证法的不同的辩证法。马克思指出，"对现代国家制度的真正哲学的批判，不仅要揭露这种制度中实际存在的矛盾，而且要解释这些矛盾；真正哲学的批判要理解这些矛盾的根源和必然性，从它们的特殊意义上来把握它们。但是，这种理解不在于像黑格尔所想象的那样到处去寻找逻辑概念的规定，而在于把握特殊对象的特殊逻辑。"⑤ 马克思提出在矛盾分析基础上"把握特殊对象的特殊逻辑"的唯物主义辩证法。

① 中共中央 马克思 恩格斯 列宁 斯大林著作编译局. 马克思恩格斯全集：第1卷 [M]. 北京：人民出版社，1956：356.
② 同①，第254页。
③ 中共中央 马克思 恩格斯 列宁 斯大林著作编译局. 马克思恩格斯文集：第9卷 [M]. 北京：人民出版社，2009：149.
④ 同①，第273页。
⑤ 同①，第359页。

3.1.2　唯物辩证法的丰富发展

马克思对唯物辩证法形成与发展做出了重大的贡献，马克思尽管没有一本专门论述唯物辩证法的著作，但是，马克思主义经典文本中却蕴含了丰富的唯物辩证法思想，历经了由成熟走向完善的过程。

（一）《1844 年经济学哲学手稿》中的辩证法

马克思在《1844 年经济学哲学手稿》中提出了科学的异化理论，突破了黑格尔、费尔巴哈等传统的异化理论。

第一，异化劳动理论中的辩证法。马克思的异化劳动理论主要指工人同他的劳动产品相异化、工人同他的劳动活动相异化、人的类本质同人相异化以及人同人相异化等。马克思认为，"工人在劳动中耗费的力量越多，他亲手创造出来反对自身的、异己的对象世界的力量就越强大，他自身、他的内部世界就越贫乏，归他所有的东西就越少""这种活动越多，工人就越丧失对象"①。一般情况下，工人通过劳动创造了产品，产品是劳动主体的对象化，工人应当合理地占有劳动产品，工人可以自由支配劳动产品，但是在资本主义条件下，劳动产品"作为一种异己的存在物，作为不依赖于生产者的力量，同劳动相对立""对象化表现为对象的丧失和被对象奴役"②，因此，工人同他的劳动产品相异化。马克思指出："劳动对工人来说是外在的东西，也就是说，不属于他的本质；因此，他在自己的劳动中不是肯定自己，而是否定自己，不是感到幸福，而是感到不幸，不是自由地发挥自己的体力和智力。"③ 在资本主义社会，工人的劳动不受工人自身的支配，工人的劳动活动是属于资本家的，而且是在资本家的监督下，进行强制性的、机械的劳动，肉体和精神受到双重摧残。因此，工人只有在劳动之外、在运用自己的动物机能的时候才认为自己是一个自在的人，也就是说，工人同他的劳动活动相异化。人的类本质同人相异化体现

---

① 中共中央 马克思 恩格斯 列宁 斯大林著作编译局. 马克思恩格斯文集：第 1 卷［M］. 北京：人民出版社，2009：157.

② 同①。

③ 同①，第 159 页。

为，自然界是人的无机的身体，人靠自然界生活，人是类存在物，因此，他的活动是自由的活动，而自由的、有意识的活动恰恰是人类的特性，而生产生活就是类生活，是产生生命的生活，"正是在改造对象世界的过程中，人才真正地证明自己是类存在物""劳动的对象是人的类生活的对象化"①，但是异化劳动把人类的生活变成维持个人生存的手段。"人同自己的劳动产品、自己的生命活动、自己的类本质相异化的直接结果就是人同人相异化。当人同自身相对立的时候，他也同他人相对立。"② 异化劳动掩盖了人与人之间正常的关系。"通过异化劳动，人不仅生产出他对作为异己的、敌对的力量的生产对象和生产行为的关系，而且还生产出他人对他的产品的关系，以及他对这些他人的关系。"③ 私有财产是外化劳动的产物，是劳动借以外化的手段，私有财产是异化劳动的产物和根据，想要消除异化劳动，必须先灭私有财产。马克思对于异化劳动的分析体现了他的辩证法的思想，马克思对黑格尔的异化概念进行了批评、改造，异化劳动体现了事物的差异和对立，是矛盾发展的一个阶段。在异化劳动的基础上，马克思进一步确立了无产与有产的对立是辩证矛盾的主要特征，而作为私有财产本身规定的对立就发展成了矛盾的状态，这表明马克思已经抓住了辩证矛盾的本质。

第二，异化劳动与私有财产的辩证关系。在本书中，对于异化劳动与私有财产的关系，马克思明确指出："因此，我们通过分析，从外化劳动这一概念，即从外化的人、异化劳动、异化的生命、异化的人这一概念得出私有财产这一概念。"④ "工资是异化劳动的直接结果，而异化劳动是私有财产的直接原因。"⑤ 由异化劳动概念推导出私有财产，异化劳动在概念上是先于私有财产，先有异化劳动然后再有私有财产，异化劳动是私有财产的基础和原因，私有财产是异化劳动的产物和结果。而后，马克思指

---

① 中共中央 马克思 恩格斯 列宁 斯大林著作编译局. 马克思恩格斯文集：第 1 卷 [M]. 北京：人民出版社，2009：163.

② 同①，第 156 页。

③ 同①，第 165 页。

④ 同①，第 56 页。

⑤ 同①，第 167 页。

出，异化劳动与私有财产还存在相互作用的关系。马克思认为，"私有财产的关系潜在地包含作为劳动的私有财产关系和作为资本的私有财产关系""私有财产的主体本质，私有财产作为自为地存在着的活动、作为主体、作为个人的私有财产，就是劳动。"① 因此，先有私有财产，劳动从属于私有财产。"如果劳动产品不是属于工人，而是作为一种异己的力量同工人相对立，那么这只能是由于产品属于工人之外的他人。如果工人的活动对他本身来说是一种痛苦，那么这种活动就必然给他人带来享受和生活乐趣。"② 劳动作为个人的私有财产，作为个人劳动的产物的劳动产品也应当是属于个人的私有财产，但是个人在进行劳动活动时，劳动发生了异化，个人的私有财产变成了"工人之外的他人"的私有财产，"工人之外的他人"通过异化劳动占有工人的劳动和劳动产品，劳动本身和劳动产品被"工人之外的他人"占有和支配，劳动、劳动产品不受自身的控制，作为一种异己的力量同工人对立，而工人只有通过最大的努力和极不规则的间歇，才能占有对象，而且占有的对象仅能维持工人自身的肉体生存，工人的生产与占有成反比。"私有财产一方面是外化劳动的产物，另一方面又是劳动借以外化的手段，是这一外化的实现。"③ 因此，没有私有财产，就没有异化劳动，私有财产是异化劳动借以完成的现实手段，这时的私有财产和异化劳动是相互作用的关系。"作为劳动的私有财产和作为资本的私有财产二者的运动构成了资本主义经济生活中私有财产运动的全部，也就是说，异化劳动的存在和延续是私有财产运动的条件，而私有财产的运动就是异化劳动的现实过程。"④ 因此，马克思认为，异化劳动产生了资本家的私有财产，私有财产的运动又推动着异化劳动的继续发展，异化劳动与私有财产是相互作用的关系，没有异化劳动，就没有私有财产，异化劳动是私有财产的基础和原因，私有财产是异化劳动的产物和结果；没有私

---

① 中共中央 马克思 恩格斯 列宁 斯大林著作编译局. 马克思恩格斯文集：第 1 卷 [M]. 北京：人民出版社，2009：178.

② 同①，第 165 页。

③ 同①，第 166 页。

④ 曾瑞明. 私有财产概念与异化劳动逻辑的关系：马克思《1844 年经济学哲学手稿》的一个核心问题 [J]. 南通工学院学报（社会科学版），2003（1）：5.

有财产，就没有异化劳动，私有财产是异化劳动借以完成的现实手段。通过消灭私有财产，扬弃异化劳动，从而解决资本主义社会的基本矛盾。让社会从私有财产中解放出来，是通过工人解放这种政治形式来表现的，工人的解放也意味着普遍的人的解放。"共产主义是对私有财产即人的自我异化的积极的扬弃，因而是通过人并且为了人而对人的本质的真正占有；因此，它是人向自身、也就是向社会的即合乎人性的人的复归，这种复归是完全的复归，是自觉实现并在以往发展的全部财富的范围内实现的复归。"①

第三，对黑格尔否定性辩证法的批判改造。费尔巴哈把黑格尔否定的否定思想"仅仅看做哲学同自身的矛盾，看做在否定神学（超验性等等）之后又肯定神学的哲学，即向自身相对立而肯定神学的哲学"②，费尔巴哈对黑格尔的否定之否定思想的理解是片面的，是仅停留在神学领域的批判。马克思对费尔巴哈的批判并不满足，因此，他对黑格尔的否定之否定思想做了进一步的批判。马克思对黑格尔的辩证法评价道："黑格尔的《现象学》及其最后成果——辩证法，作为推动原则和创造原则的否定性——的伟大之处首先在于，黑格尔把人的自我产生看作一个过程，把对象化看作非对象化，看作外化和这种外化的扬弃；可见，他抓住了劳动的本质，把对象性的人、现实的因而是真正的人理解为他自己的劳动的结果。"马克思把"否定性"与黑格尔哲学联系起来，认为黑尔格的辩证法是否定性辩证法。马克思指出，黑格尔把劳动看作人的本质，看作人的自我确证的本质，认为人是通过劳动而产生，这一点无疑是伟大的，但是它是建立在唯心主义的立场上，劳动是抽象的、精神的劳动，把劳动看作精神的产物，看作抽象的劳动。在资本主义条件下，劳动是异化的，因此，自我意识也是异化的。"对象化""外化""异化"都具有"否定"的含义，而对这些的扬弃就是"否定之否定"。黑格尔对于否定和否定之否定的解释，他认为是异化的、抽象的，因而无内容的和非现实的表现，即否

---

① 中共中央 马克思 恩格斯 列宁 斯大林著作编译局．马克思恩格斯文集：第1卷［M］．北京：人民出版社，2009：185．

② 同①，第200页。

定。因此，外化的扬弃不外是对这种无内容的抽象所作的抽象的、无内容的扬弃，即否定之否定。黑格尔的否定是在思维层面上进行的，是无内容的抽象，否定之否定也是在思维中进行，不会触动到现实的对象，这表明黑格尔的哲学思想具有保守性。马克思在批判的同时，对黑格尔否定性辩证法思想的合理部分也进行了肯定。"黑格尔根据否定的否定所包含的肯定方面把否定的否定看成真正的和唯一的、肯定的东西，而根据它所包含的否定方面把它看成一切存在的唯一真正的活动和自我实现的活动，所以他只是为历史的运动找到抽象的、逻辑的、思辨的表达。"① 马克思认为，黑格尔的辩证法抓住了历史辩证运动的原则，"否定性"是真正的和唯一的、肯定的东西，是黑格尔为历史运动找到抽象的、逻辑的、思辨的表达，既是自我意识运动的逻辑，也是世界本身的逻辑。

第四，对象性活动的辩证法。在本书中，"对象性活动"的概念来自马克思对黑格尔辩证法的扬弃。黑格尔站在唯心主义的立场解决主体与客体的关系，"头足倒置"的主客体关系，"正像本质、对象表现为思想本质一样，主体也始终是意识或自我意识，或者更正确些说，对象仅仅表现为抽象的意识，而人仅仅表现为自我意识。"② 也就是说，在黑格尔那里，人的自我意识是主体。马克思站在唯物主义的立场对此进行了批判的改造，把黑格尔辩证法中颠倒的主客体再颠倒一次，对主体和客体做了唯物主义的解释，提出了"对象性活动"的思想。他说："当现实的、肉体的、站在坚实的呈圆形的地球上呼出和吸入一切自然力的人通过自己的外化把自己现实的、对象性的本质力量设定为异己的对象时，设定并不是主体；它是对象性的本质力量的主体性，因此这些本质力量的活动也必定是对象性的活动。"③ 马克思此处所说的"对象性的本质力量"指的是物质活动产生的物质力量，而"主体性"指的是物质活动的创造性，既创造人本身，又创造属人的自然界。他认为对象性活动的主体不是自我意识，而是现实的

---

① 中共中央 马克思 恩格斯 列宁 斯大林著作编译局．马克思恩格斯文集：第 1 卷［M］．北京：人民出版社，2009：201．
② 同①，第 204 页。
③ 同①，第 209 页。

人，是"现实的、有形体的、站在稳固的地球上呼吸着一切自然力的人"，客体是自然界和主体活动的对象性产物。马克思此处将"对象性的本质力量的主体性"进一步表达为"对象性的活动"，又因为该活动不同于黑格尔所说的作为思维运动的"纯粹活动"，马克思称其为"感性活动"或者"实践"。因此，这一时期马克思辩证法革命的成果可称为对象性活动辩证法、感性辩证法或者实践辩证法，以及劳动辩证法。主客体的辩证关系体现为客体制约主体，"人作为自然的、肉体的、感性的、对象性的存在物，同动植物一样，是受动的、受制约的和受限制的存在物，就是说，他的欲望的对象是作为不依赖于他的对象而存在于他之外的"①，人作为自然存在物，人存在于自然界中，受到自然界和主体活动的对象性产物的限制，没有自然界和主体活动的对象性产物，人的主体活动就没有对象，就没有办法进行对象性活动，"但是，这些对象是他的需要的对象；是表现和确证他的本质力量所不可缺少的、重要的对象"②，自然界或主体活动的对象性产物，是人的能力的确证，确证人是的活动自然存在物的活动。另外，主体反作用与客体，"人直接地是自然存在物……是能动的自然存在物"，人可以运用自己的主观能动性作用于自然界和主体活动的对象性产物，运用自己的本质力量创造出新的对象。

（二）《神圣家族》中的辩证法

写于 1844 年 9 月至 11 月期间的《神圣家族》是马克思和恩格斯第一次合写的批判青年黑格尔派主观唯心主义和论述历史唯物主义的著作。马克思、恩格斯对黑格尔辩证法中的合理成分做出公正的评价，揭示了它的思辨秘密。他们提出了人民群众在历史中起决定作用这一重要的历史唯物主义原理。

第一，揭示黑格尔辩证法的思辨秘密。无论是鲍威尔兄弟，还是其他青年黑格尔分子，他们在一定程度上继承了黑格尔的思辨哲学，又禁锢在

---

① 中共中央 马克思 恩格斯 列宁 斯大林著作编译局．马克思恩格斯文集：第 1 卷 ［M］．北京：人民出版社，2009：209．

② 同①。

黑格尔的思辨哲学中，所以，对他们的批判就是对黑格尔思辨哲学的批判，在批判中揭露了黑格尔思辨哲学的秘密。"思辨的理性在苹果和梨中看出了共同的东西，在梨和扁桃中看出了共同的东西，这就是'果品'。各种特殊的现实的果实从此就只是虚幻的果实，而他们真正的本质则是'果品'这个'实体'。"① 从特殊的、具体的现实事物中抽象出共同的共性，即"果品"这个抽象的概念，把具体的现实变成了虚幻的概念，把精神或者概念当作主体和本质。思辨哲学家喜欢把现实的物质变成精神的东西，变成自我意识的纯粹规定性。马克思指出："思辨哲学家最感兴趣的就是，把现实的、普通的果实的存在制造出来，然后以神秘的口吻说，有苹果、梨、扁桃、葡萄干。"② 从具体到抽象是容易的，但是从抽象到具体是困难的。为了从"果品"中得到现实的果实，思辨哲学家用思辨的、神秘的方法抛弃"果品"这个抽象概念，把"果实"看作活生生的、自身有区别的、能动的本质，这样"果品"成为各种果实的"总体"的统一体。"在思辨哲学看来，每一种果实都是实体的化身，即绝对的果实的化身。"③这样一来，具体的果实就成为绝对主体的化身。"他把从苹果的观念过渡到梨的观念这种他自己的活动，宣布为绝对主体即'果品'的自我活动。"④ 从一个观念过渡到另一个观念的活动被称为绝对主体的自我活动。黑格尔方法的基本特征就是"把实体了解为主体，了解为内在的过程，了解为绝对的人格"⑤。思辨哲学把现实的人、现实的物质世界变成了自我意识的、特定的形式，这种自我意识的规定性是抽象的，并以概念的形式表达出来。把具体的事物抽象成自我意识，把自我意识当做绝对的主体，观念的变换是自我意识的活动，具体的事物是自我意识的外化，是一种纯粹的逻辑范畴，是绝对精神。鲍威尔作为黑格尔的学生继承了黑格尔的哲学思想。面对施特劳斯和鲍威尔关于实体和自我意识的争论，马克思指出：

---

① 中共中央 马克思 恩格斯 列宁 斯大林著作编译局. 马克思恩格斯文集：第1卷 [M]. 北京：人民出版社，2009：277.

② 同①，第278页。

③ 同①。

④ 同①，第280页。

⑤ 同①，第280页。

"在黑格尔的体系中有三个要素：斯宾诺莎的实体，费希特的自我意识以及前两个要素在黑格尔那里的必然充满矛盾的统一，即绝对精神。第一个要素是形而上学地改了装的、同人分离的自然。第二个要素是形而上学地改了装的、同自然分离的精神。第三个要素是形而上学地改了装的以上两个要素的统一，即现实的人和现实的人类。"① 施特劳斯和鲍威尔的争论是在黑格尔思辨哲学的范围内的争论，他们只是片面地继承和发展了黑格尔的思辨哲学。而黑格尔的哲学之所以是思辨的，就是因为它脱离了现实，只在"绝对精神"中存在、运动。

第二，确立了人民群众的历史主体性地位。1789 年的法国资产阶级革命被认为是不合时宜的，因为它在革命的原则中并没有体现为数众多、与资产阶级不同的那部分群众的现实利益，并没有体现他们自己大革命的原则，而是仅仅包含一种"思想"。资产阶级代表推翻了封建君主制，建立了资产阶级的正确统治，代表的是资产阶级的利益，在大革命中弘扬的争取人权、追求自由等只是一种思想，在现实中并没有得到落实、体现，而且还会受到资产阶级的剥削和压迫，是社会上不自由的群体。"为了现实的自由，它除了要求有理想主义的'意志'以外，还要求有很具体的、很物质的条件。"② 群众的自由解放是精神条件和物质条件。"历史什么事情也没有做，它'不拥有任何惊人的丰富性'，它'没有进行任何战斗'！其实，正是人，现实的、活生生的人在创造这一切，拥有这一切并且进行战斗。并不是'历史'把人当做手段来达到自己——仿佛历史是一个独具魅力的人——的目的。历史不过是追求着自己目的的人的活动而已。"③ 揭示了人民群众创造历史，人民群众是物质财富和精神财富的创造者，人民群众是历史的主人，感性的实践活动是人民群众创造历史的方法和手段，历史只不过是人民群众追求自己的目的的活动而已。这里的人指的不是费尔巴哈式的、抽象的人，而是具体的、从事物质生产活动的人。随后马克思

---

① 中共中央 马克思 恩格斯 列宁 斯大林著作编译局. 马克思恩格斯文集：第 1 卷 ［M］. 北京：人民出版社，2009：341－342.

② 同①，第 297 页。

③ 同①，第 295 页。

又指出，随着人民群众创造历史的活动的深入，即物质生产的发展，群众的队伍将会发展壮大，人民群众才是推动历史进步的主要动力。并批判了鲍威尔等人以为自我意识决定历史发展的错误思想。"历史活动是群众的活动，随着历史活动的深入，必将是群众队伍的扩大。在批判的历史中，事情当然必定是以另一种方式发生的，批判的历史认为，在历史活动中重要的不是行动着的群众，不是经验的活动，也不是这一活动的经验的利益，相反，'在这些活动中'，'重要的'仅仅是一种思想。"[①] 并指出，"思想本身根本不能实现什么东西。思想要得到实现，就要有使用实践力量的人"[②]，思想如果仅停留在思维层面，不付诸实际行动，那么思想什么也实现不了，实现思想需要现实的人，需要人的实践活动来完成物质的创造。

（三）《德意志意识形态》中的辩证法

在本书中，马克思、恩格斯基于对以费尔巴哈、布·鲍威尔和施蒂纳为代表的现代德国哲学，以及各式各样先知代表的德国社会主义的批判，制定了唯物史观的理论体系，同时阐述了贯穿唯物史观基本原理的辩证法即历史辩证法。《德意志意识形态》表明，唯物辩证法和唯物史观的形成是一个统一的整体，唯物辩证法首先是在研究社会历史过程的基础上制定的。唯物史观和唯物辩证法在历史辩证法中统一起来。

第一，初步解答了社会存在与社会意识的辩证关系。社会存在是马克思主义的崭新概念。马克思指出："我们的出发点是从事实际活动的人，而且从他们的现实生活过程中还可以描绘出这一生活过程在意识形态上的反射和反响的发展。"[③] 在马克思看来，"现实生活过程"包括人们的一切物质活动及其物质基础实体和物质关系。这三种因素构成"社会存在"的全部内容。社会意识是社会存在的反映，是现实生活过程"在意识形态上的反射和反响"。它随着物质生产和交往的需要而产生，从一开始就是社

---

① 中共中央 马克思 恩格斯 列宁 斯大林著作编译局. 马克思恩格斯文集：第 1 卷 ［M］. 北京：人民出版社，2009：287.
② 同①，第 320 页。
③ 同①，第 152 页。

会的产物。社会存在是第一性的，社会存在决定社会意识。马克思明确说道："发展着自己的物质生产和物质交往的人们，在改变自己的这个现实的同时也改变着自己的思维和思维的产物。不是意识决定生活，而是生活决定意识。"① 社会意识被社会存在决定的同时，它也有自身的能动作用。马克思指出，在私有制社会中，生活的生产方式以及与之相联系的交往形式在一系列的唯心主义观念的束缚和界限的范围内运动着。这句话反映了社会意识对于社会存在发展的影响与阻碍。

第二，通过分析生产力与生产关系的辩证关系，揭示社会发展的根本动力。马克思指出，人为了生存必须进行物质生产，人的第一个历史活动就是物质资料的生产。人的物质生产是一种社会性的活动，这种社会性的活动的总和就是"生产力"。生产力是社会和历史发展的决定性因素。在人们物质生产的活动中，必然与他人发生关系，这种物质生产交往关系就是"生产关系"。然而在社会历史发展过程中，生产关系总是与一定的生产力水平相适应。当生产关系不能适应生产力的发展时，就会变成生产力发展的桎梏。马克思认为，生产力和生产关系的矛盾运动是社会历史的基本矛盾。"一切历史冲突都根源于生产力和交往形式之间的矛盾。""这种矛盾每次都不免要爆发为革命。"马克思通过分析生产力和生产关系的矛盾关系，揭示了历史发展的根本动力。

第三，预见了未来共产主义革命的辩证法。马克思指出："无论为了使这种共产主义意识普遍地产生还是为了实现事业本身，使人们普遍地发生变化是必需的，这种变化只有在实际运动中，在革命中才有可能实现。"② 无产阶级只有通过革命的形式，才能打倒旧的生产方式和交往方式，以及旧的社会结构和权力，革命的根本问题是政权问题，无产阶级只有通过革命，才能取得政权，才能实现共产主义。"实际上，而且对实践的唯物主义者即共产主义者来说，全部问题都在于使现存世界革命化，实

---

① 中共中央 马克思 恩格斯 列宁 斯大林著作编译局. 马克思恩格斯文集：第 1 卷 [M]. 北京：人民出版社，2009：152.

② 同①，第 171 页。

际地反对并改变现存的事物。"① 共产主义革命不同于过去的一切革命，过去的革命都没有改变私人的占有性质，而共产主义革命的结果必然是联合起来的个人对全部生产力的占有，消灭私有制。

（四）《哲学的贫困》中的辩证法

《哲学的贫困》是马克思第一次公开阐述科学的世界观。在文中，马克思批判了黑格尔的思辨哲学，并对蒲鲁东拙劣模仿与歪曲黑格尔辩证法表示同情，批判了蒲鲁东的唯心史观和形而上学的方法论，对唯物辩证法的实质做了高度概括和说明。

第一，马克思批判继承和改造了黑格尔范畴运动的辩证法。"方法是任何事物所不能抗拒的一种绝对的、唯一的、最高的、无限的力量。"② 黑格尔把世界上的一切事物都归结为逻辑范畴，把任何运动都归结为方法，因此，黑格尔的辩证法又被称作绝对方法，黑格尔的辩证法也是范畴运动的辩证法。马克思说："这种绝对方法到底是什么呢？是运动的抽象。运动的抽象是什么呢？是抽象形态的运动。抽象形态的运动是什么呢？是运动的纯粹逻辑公式或者纯理性的运动。"③ 黑格尔、蒲鲁东把资产阶级的生产关系等范畴看作观念，是不依赖现实关系而产生的思想，"经济学家们都把分工、信用、货币等资产阶级生产关系说成是固定的、不变的、永恒的范畴"④，因此，他们只能去纯粹理性的运动中寻找这些思想的来历，但是他们忽略了"人的生动活泼的生活"，脱离了事物活生生的现实本身。"如果我们逐步抽掉构成某座房屋个性的一切，抽掉构成这座房屋的材料和这座房屋特有的形式，结果只剩下一个物体；如果把这一物体的界限也抽去，结果就只有空间了；如果再把这个空间的向度抽去，最后我们就只有纯粹的量这个逻辑范畴了……在最后的抽象中，作为实体的将只是一些

---

① 同①，第155页。

② 中共中央 马克思 恩格斯 列宁 斯大林著作编译局. 马克思恩格斯文集：第1卷［M］. 北京：人民出版社，2009：220.

③ 同①。

④ 同①，第218页。

逻辑范畴。"① 在黑格尔看来，无论是世界上过去发生的一切，还是现在还在发生的一切，都是在他自己的思维中发生的，一切事物经过抽象都可以归结为逻辑范畴。如果一切事物都成了逻辑范畴，那么整个世界就都淹没在抽象世界中，在黑格尔那里只存在理性和自身的对立，即"设定自己，自相对立，自相合成"。黑格尔把范畴运动当作一种绝对的方法，即他的辩证法，黑格尔的辩证法也是范畴运动的辩证法。马克思认为："两个相互矛盾方面的共存、斗争以及融合成一个新范畴，就是辩证运动。"② 辩证运动的实质就是范畴运动。马克思改造了黑格尔的范畴运动，把范畴运动与现实世界联系起来，"一切存在物，一切生活在地上和水中的东西，只是由于某种运动才得以存在、生活"③，"某种运动"是范畴运动的基础，范畴运动是"某种运动"在理论上的表现形式。"这些观念、范畴也同它们所表现的关系一样，不是永恒的。它们是历史的、暂时的产物。"因此，马克思超越了黑格尔和蒲鲁东对范畴运动的理解，给予范畴运动新的意义。

第二，马克思揭示了辩证法的活的灵魂。在文中，马克思讲道："在这以前我们谈的只是黑格尔的辩证法。下面我们要看到蒲鲁东先生怎样把它降低到极可怜的程度。"④ 蒲鲁东歪曲运用了黑格尔辩证法"肯定、否定、否定之否定"的原理，理解为"正题、反题、合题"。马克思指出："蒲鲁东先生认为，好的方面和坏的方面，益处和害处加在一起就构成了每个经济范畴所固有的矛盾。"⑤ "好的方面"是"正题"，对应的是"肯定"，"坏的方面"是"否定"，对应的是"否定"，"保存好的方面，消除坏的方面"，即为"合题"，对应的是"否定之否定"。蒲鲁东把辩证运动机械地分为好与坏，认为要保存好的方面，消除坏的方面，社会就是如此向前运动发展的。如通过保存奴隶制好的方面，消除坏的方面，挽救奴隶

---

① 同①，第 219 页。
② 中共中央 马克思 恩格斯 列宁 斯大林著作编译局. 马克思恩格斯文集：第 1 卷 [M]. 北京：人民出版社，2009：225.
③ 同①，第 220 页。
④ 同①，第 221 页。
⑤ 同①，第 223 页。

制这个极其重要的经济范畴，对此，马克思进行了批判，揭示了辩证法的活的灵魂，马克思认为："谁要给自己提出消除坏的方面的问题，就是立即切断了辩证运动。"① 辩证运动的活的灵魂就是对现存事物的否定，即否定的力量是推动事物运动发展的决定力量。蒲鲁东把坏的方面当作否定力量，并要将其消除，这样就"切断了辩证运动"，无法正确理解事物运动的实质，而只能"把一个范畴用做另一个范畴的消毒剂"②。马克思批判继承了黑格尔的"肯定、否定、否定之否定"的原理，对否定力量给予了充分的肯定，对否定力量的发展持支持的态度，只有通过"否定之否定"的环节，才能实现行动发展，是旧事物向新事物转变的环节。

第三，分析生产力和生产关系的辩证运动，并强调生产力的决定作用。马克思指出："在蒲鲁东先生看来，分工是一种永恒的规律，是一种单纯而抽象的范畴。"③ 马克思反驳道，"历史的进程并非那样绝对的，"④ 分工不是支配社会发展的永恒规律，马克思指出，生产力是推动社会发展的根本动力。"这难道不是说，生产方式，生产力在其中发展的那些关系，并不是永恒的规律，而是同人们及其生产力的一定发展相适应的东西，人们生产力的一切变化必然引起他们生产关系的变化吗？"⑤ 马克思认为，生产力是历史发展的根本动力，生产力与生产关系的矛盾运动推动着社会的发展进步，生产力决定生产关系，生产关系对生产力具有反作用，生产关系一定要适应生产力发展状况。被压迫阶级要想推翻压迫阶级，就必须从生产力与生产关系的矛盾运动入手。马克思认为："要使被压迫阶级能够解放自己，就必须使既得生产力和现存社会关系不再能够继续并存。在一切生产工具中，最强大的一种生产力是革命阶级本身。革命的因素之组成为阶级，是以旧社会的怀抱中所能产生的全部生产力的存在为前提的。"⑥

---

① 中共中央 马克思 恩格斯 列宁 斯大林著作编译局. 马克思恩格斯文集：第 1 卷 [M]. 北京：人民出版社，2009：225.
② 同①。
③ 同①，第 237 页。
④ 同①，第 237 页。
⑤ 同①，第 233 页，
⑥ 同①，第 274 页。

当生产力与生产关系不相适应、生产关系长期落后于生产力时，那么某种旧的生产关系就不能长久，必然被生产力的发展突破。而旧的生产关系的长期存在就会阻碍社会的进步，被压迫阶级就会因受到旧制度的迫害而难以生存下去，因此，他们必然会团结起来，用革命的手段消灭旧的、过时的生产关系，建立适应生产力发展的新的生产关系。革命阶级本身是最强大的生产力，阶级斗争是生产力与生产关系、经济基础与上层建筑的矛盾在阶级社会中的表现，是阶级社会发展的直接动力。"是以旧社会的怀抱中所能产生的全部生产力的存在为前提的"，社会革命是阶级斗争发展到一定阶段的产物，是推动社会发展的重要动力。阶级斗争史也是生产力与生产关系运动的发展史，因此，马克思将唯物辩证法的研究内容确定为生产力与生产关系的运动发展史。

3.1.3　唯物辩证法的深化完善

唯物辩证法自问世以来，对黑格尔的辩证法进行了批判和改造，并在实践斗争中不断得到检验、发展和成熟。实际上，辩证法真正的规律在黑格尔那里已经有了，其错误在于，它是"头足倒置"的。恩格斯认为，"如果我们把事情顺过来，那末一切都会变得很简单，在唯心主义哲学中显得极端神秘的辩证法规律也立刻就会变得简单而明白的了"[①]。基于实践性活动，马克思、恩格斯扭转了这种"头足倒置"的做法，确立了唯物辩证法理论体系的科学地位，由恩格斯进行了深化和完善。"关于唯物辩证法的理论体系，恩格斯有两次提到。第一次是在他于1878年8月编成的自然辩证法的'总计划草案中'，第二次是在他于1879年9月写的题为《辩证法》的论文中提出的。在'总计划草案'中提出，唯物辩证法的主要规律是'量和质的转化——两极的相互渗透和它们达到极端时的相互转化——由矛盾引起的发展，或否定的否定—发展的螺旋形式。'《辩证法》中提出，唯物辩证法的最一般的规律实质上归结为三个规律：'量转化为

---

①　中共中央 马克思 恩格斯 列宁 斯大林著作编译局．马克思恩格斯全集：第20卷［M］．北京：人民出版社，1973：401．

质和质转化为量的规律；对立的相互渗透的规律；否定的否定规律.'在这两处提法中，唯物辩证法的排列顺序是完全一致的，都反映了它们是由批判改造黑格尔《逻辑学》的理论体系而来的。"①

（一）《资本论》中的辩证法

马克思在《资本论》第一卷第二版的跋中指出："我的辩证方法，从根本上来说，不仅和黑格尔的辩证方法不同，而且和它截然相反。在黑格尔看来，思维过程，即甚至被他在观念这一名称下转化为独立主体的思维过程，是现实事物的创造主，而现实事物只是思维过程的外部表现。我的看法则相反，观念的东西不外是移入人的头脑并在人的头脑中改造过的物质的东西而已。……辩证法在对现存事物的肯定的理解中同时包含对现存事物的否定的理解，即对现实事物必然灭亡的理解；辩证法对每一种既成的形式都是从不断的运动中，因而也是从它的暂时性方面去理解；辩证法不崇拜任何东西，按其本质来说，它是批判的和革命的。"② 意识是物质在人脑中的反映，现存事物是不断运动发展的。发展的观点是唯物辩证法的总特征之一。唯物辩证法坚信事物都是发展的。马克思主义的全部思想都贯穿着发展观，渗透着发展精神。马克思主义的全部努力就是运用这个最彻底、最完整、最周密、内容最丰富的发展论考察事物。马克思指出唯物辩证法与唯心辩证法的根本不同，辩证法的批判、革命的对象就是现存事物，就是资本主义制度，目标就是改变世界，实现无产阶级和人类解放。马克思的辩证法致力于社会的改造，致力于社会实践，而这是黑格尔极力回避的，他的辩证法却无法摆脱"抽象性"，正因为黑格尔回避对现实事物进行"革命的、'实践批判的'活动"理解，因此，黑格尔走进抽象的观念辩证法。

《资本论》体现事物联系与发展的总特征。辩证法是关于自然、社会、思维及其运动发展规律的科学反映。现存事物联系的具有客观性，任何事

① 孟庆仁. 科学世界观的历程：唯物辩证法简史［M］. 南宁：广西人民出版社，1991：116.

② 中共中央 马克思 恩格斯 列宁 斯大林著作编译局. 马克思恩格斯文集：第5卷［M］. 北京：人民出版社，2009：22.

物的存在都是与其他事物处于普遍联系之中；事物是在联系和发展中的，任何一个时代的存在都存在着普遍的联系，只有满足人们的生活，才会有更高级的生活水平，只有旧社会的灭亡，才会有新社会的产生；事物之间的联系和发展是多样的。不同的事物之间的联系构成了事物之间的存在状态和发展趋势，事物之间联系和发展的条件性特征。在马克思看来，由于事物矛盾的普遍性，事物的存在必然是既对立，又统一的，这种矛盾性的存在构成了事物自身发展的内在动力。

（二）《反杜林论》中的辩证法

恩格斯制定唯物辩证法理论体系的工作主要是在《反杜林论》中进行的。这体现在《反杜林论》第一次从唯物辩证法的一般理论的高度，阐释它的基本规律。恩格斯通过解剖杜林攻击辩证法的形而上学观点，运用大量的自然科学和社会历史科学的实例，对唯物辩证法的三个基本规律的客观性和普遍性做了科学的论证。

第一，恩格斯为唯物辩证法下了定义。"辩证法不过是关于自然、人类社会和思维运动和发展的普遍规律的科学。"恩格斯的话指出了辩证法研究的对象是自然、人类社会、思维运动。唯物辩证法研究的不是先天的、纯粹的自然，而是在实践中被人化的、属人的自然。辩证法的领域、语境不是发生在那个外在于人的世界，而是发生在属人的世界中，脱离人的世界并不存在对立统一规律。马克思认为："被抽象地孤立地理解的、被固定为与人分离的自然界，对人说来也是无。"[①]

第二，阐述唯物辩证法的三个基本规律。恩格斯揭示的辩证法的第一个基本规律是对立统一规律。辩证矛盾的学说和对立面的统一和斗争的规律，正如列宁规定的那样，是"辩证法的核心"。在马克思主义的发展史上，恩格斯第一次把物质、过程和现象的普遍矛盾规律，作为唯物辩证法的中心规律，从各个方面加以论证。恩格斯揭示的辩证法的第二个基本规律是从量变到质变的转化规律。这是关于质变如何产生的规律，而各种质

---

① 中共中央 马克思 恩格斯 列宁 斯大林著作编译局. 马克思恩格斯全集：第 42 卷 ［M］. 北京：人民出版社，1979：178.

变又在相应的领域内引起新的量变。量变和质变的相互作用是普遍存在的、辩证的、矛盾性的表现形式之一。而每一次飞跃——向新的一种质的状态转化——则是该事物中相应的矛盾得到解决的结果，随后，在该事物的物质变化和发展的下一阶段上，量和质的要素之间便又形成一对新的矛盾。这就是说，量变到质变的转化规律实质上是由对立面的统一和斗争规律派生出来的，并依赖于后者的作用，同时又表现为解决辩证矛盾途径的具体化形式。辩证法的第三个基本规律是否定之否定规律。否定之否定规律使质变的规律性进一步具体化，同时决定事物的总的基本发展方向。结果就是，在有节奏的先后程序中，每一次否定都是一种发展要素，既包含继承性，即把上一阶段的积极因素保留下来使之进一步发展，同时又向更高的形态转化。否定之否定规律说明事物发展的无限性，即所有的新事物终究要为更新的事物所否定。

第三，恩格斯对主观辩证法的论述。在谈到主观辩证法的形式时，恩格斯指的是对辩证法主要规律在认识论上的特殊表现，如认识过程中自始至终贯穿矛盾；同时，也指的是认识过程特有的规律，如"从个别到特殊，并从特殊到普遍的上升运动"，以及从相对真理上升到绝对真理的规律。主观辩证法的规律性是反映在思维和认识领域中的客观辩证法的继续。主观辩证法来源于客观辩证法，并且是从认识论上反映客观辩证法的，因此，对主观辩证法来说，客观辩证法是第一性的。主观辩证法是事物和过程本身的客观辩证法在主观思维活动中的反映，因此，这些事物和过程所固有的客观矛盾也在思维的内容中得到相应的反映。

（三）《路德维希·费尔巴哈和德国古典哲学的终结》中的辩证法

《路德维希·费尔巴哈和德国古典哲学的终结》是恩格斯晚年的一部成熟著作，概括了马克思和恩格斯一生在哲学方面的伟大成果。在此书中，恩格斯叙述了马克思主义哲学的理论来源，联系马克思主义哲学实现的革命变革，论述了一个伟大的基本思想，即唯物辩证法的发展观。

第一，恩格斯从黑格尔《法哲学原理》序言中提出的一个著名的命题"凡是现实的都是合理的，凡是合理的都是现实的"出发，分析了黑格尔哲学的"合理内核"。恩格斯指出,"这样一来,黑格尔的这个命题,由于黑格尔的辩证法本身,就转化为自己的反面:凡在人类历史领域中是现实的,随着时间的推移,都会成为不合理性的,就是说,注定是不合理性的,一开始就包含着不合理性,凡在人们头脑中是合乎理性的,都注定要成为现实的,不管它同现存的、表面的现实多么矛盾。按照黑格尔的思维方法的一切规则,凡是现实的都是合理的这个命题,就变为另一个命题:凡是现存的,都一定要灭亡"①。恩格斯把黑格尔的这个命题向前推进,得出了革命结论。

第二,恩格斯在把黑格尔的辩证法改造之后,从正面说明了唯物辩证法的发展观,一切事物都是不断发展变化的,发展变化的总趋势是前进的、上升的。恩格斯指出:"一个伟大的基本思想,即认为世界不是既成事物的集合体,而是过程的集合体,其中各个似乎稳定的事物同它们在我们头脑中的思想映象即概念一样都处在生成和灭亡的不断变化中,在这种变化中,尽管有种种表面的偶然性,尽管有种种暂时的倒退,前进的发展终究会实现。"② 第一,客观世界处在无限的发展过程中,因此,人类的认识也就处在由低级向高级的无限发展过程中。第二,社会历史是人们实践活动的结果,人们的实践活动没有最终的状态,因此,社会历史也处在由低级到高级的无限发展过程中。在这个过程中,每个阶段都是无限发展过程的暂时阶段。他认为:"这种辩证哲学推翻了一切关于最终的绝对真理和与之相适应的绝对的人类状态的观念。在它面前,不存在任何最终的东西、绝对的东西、神圣的东西;它指出所有一切事物的暂时性;在它面前,除了生成和灭亡的不断过程,无止境地由低级上升到高级的不断过程,什么都不存在。"③

(四)《自然辩证法》中的辩证法

第一,恩格斯为唯物辩证法下了三个定义,第一个定义是:"辩证法

---

① 中共中央 马克思 恩格斯 列宁 斯大林著作编译局. 马克思恩格斯选集:第4卷 [M]. 北京:人民出版社,2012:222.

② 同①,第250页。

③ 同①,第223页。

是关于普遍联系的科学。"① 第二个定义是："辩证法这门同形而上学相对立的关于联系的科学的一般性质。"第三个定义是："辩证法的规律是从自然界和人类社会的历史中抽象出来的。辩证法的规律无非是历史发展的这两个方面和思维本身的最一般的规律。"②

第二，在自然辩证法中，恩格斯吸收了黑格尔辩证法有机体、过程性的运动发展思想，将自然与社会整合为一个进化发展的整体。他通过吸收黑格尔辩证法的过程性和整体性的特点，在《自然辩证法》中，以生物进化论为基础，将自然、人与社会的连贯性作为完整的运动发展的全体。恩格斯指出，黑格尔在把握自然和精神时，将其统一在一个不断上升着的逻辑进程中，通过对自然与精神的运动发展阶段的考察，展现这个运动过程自身固有的内在关联。

第三，一方面，恩格斯吸收了生物进化论，展现出自然界数亿年的演化发展。另一方面，他结合黑格尔的辩证法思想，考察了由自然到社会的过渡。恩格斯认为，"一切僵硬的东西溶解了，一切固定的东西消散了，一切被当做永恒存在的特殊的东西变成了转瞬即逝的东西，整个自然界被证明是永恒的流动和循环中运动着。"③ 自然与社会在恩格斯那里被看成紧密联系在一起的过程整体。恩格斯继承了黑格尔的辩证法思想中自然与社会相统一的观点，阐发了辩证唯物主义自然观。

第四，恩格斯还第一次明确提出了客观辩证法和主观辩证法的联系和区别。统一的物质世界的客观存在，是唯物主义认识论的前提。可是，人们对物质世界的认识是一个无限发展的过程，认识的成果是用一系列"概念"来表达的。这样，概念就具有两方面的特点：从概念的内容来看，它是客观的，是对现实世界的反映；从概念的形式来看，它是主观的。他说："所谓客观辩证法是在整个自然界起支配作用的，而所谓主观辩证法，

---

① 同①，第938页。
② 中共中央 马克思 恩格斯 列宁 斯大林著作编译局. 马克思恩格斯选集：第3卷［M］. 北京：人民出版社，2012：901.
③ 中共中央 马克思 恩格斯 列宁 斯大林著作编译局. 马克思恩格斯文集：第9卷［M］. 北京：人民出版社，2009：418.

即辩证的思维，不过是在自然界中到处发生作用的、对立中的运动的反映而已，这些对立通过自身的不断的斗争和最终的互相转化或向更高形式的转化，来制约自然界的生活。"①

3.2　新时代辩证思维方法

世界之变、时代之变、历史之变正以前所未有的方式展开，当今世界正经历百年未有之大变局，世界格局正在发生深刻变化，国际体系正在发生深刻调整，这使各国的发展更加具有不稳定性、不确定性。党的十八大以来，中国特色社会主义进入新时代。以习近平同志为核心的党中央，以伟大的历史主动精神、巨大的政治勇气、强烈的责任担当，统筹国内、国际两个大局，推动党和国家事业取得历史性成就、发生历史性变革，中华民族伟大复兴进入不可逆转的历史进程。在这个新的历史方位上，我们党不忘初心、牢记使命，继续为实现中国特色社会主义现代化国家和实现中华民族伟大复兴而不懈奋斗。时代是思想之母，实践是理论之源。习近平新时代中国特色社会主义思想是当代中国马克思主义、二十一世纪马克思主义，是中华文化和中国精神的时代精华，实现了马克思主义中国化新的飞跃。

辩证唯物主义是中国共产党人的世界观和方法论。应学习和运用马克思主义的立场、观点、方法，自觉淬炼辩证思维能力。我党非常强调辩证思维方法，用辩证思维来把握战略谋划，体现了"战略辩证"的思想特点。习近平同志的辩证思维方法是马克思主义基本原理的实际运用，是中华优秀传统文化的传承发展，在中国特色社会主义现代化建设的伟大实践中，具有重大的理论价值和现实意义。

---

① 中共中央 马克思 恩格斯 列宁 斯大林著作编译局. 马克思恩格斯选集：第3卷 [M]. 北京：人民出版社，2012：908.

客观地而不是主观地、发展地而不是静止地、全面地而不是片面地、系统地而不是零散地、普遍联系地而不是孤立地观察事物、分析问题、解决问题，在矛盾双方对立统一的过程中把握事物发展规律，这是学习和掌握唯物辩证思想方法的基本要求。这一段重要论述直截了当地阐明了如何运用唯物辩证法思想方法。普遍联系和永恒发展是唯物辩证法的总观点。唯物辩证法认为，世界上的万事万物都处于普遍联系之中，普遍联系引起事物的运动发展。运动是绝对的，静止是相对的，世界处在不断变化发展的过程中，而事物是永恒发展的，发展是事物变化中前进的、上升的螺旋式运动，人类社会发展的实质是新事物的产生和旧事物的灭亡。

3.2.1 总体布局和战略布局的系统理念

把握事物的内在联系一般都需要系统性和整体性思维。系统是由若干要素之间相互联系、相互作用构成的具有某种功能的有机整体，系统思维强调整体观念，任何系统都是一个有机的整体，运用系统思维的目的是实现最优解，实现效率最大化，本质上就是坚持唯物辩证法，从客观事物的内在联系，即内在逻辑去把握事物。习近平同志强调："系统观念是具有基础性的思想和工作方法。"① 党的十八大以来，党中央坚持从系统观念出发，注重改革的系统性，协调推进中国特色社会主义现代化事业的整体性发展。在新时代坚持和发展中国特色社会主义，必须统揽"四个伟大"，统筹推进"五位一体"总体布局，协调推进"四个全面"战略布局。党的二十大以后，强调开辟马克思主义中国化时代化新境界，必须坚持马克思主义科学的世界观和方法论。

（一）统揽"四个伟大"

"四个伟大"作为一个整体提出来，是一个重大理论创新，是系统思维的思想结晶。"四个伟大"深刻回答了什么是新时代党的历史使命、怎样实现新时代党的历史使命这一重大理论和实践问题，使党对自身肩负历

---

① 关于《中共中央关于制定国民经济和社会发展第十四个五年规划和二〇三五年远景目标的建议》的说明［N］. 人民日报，2020 - 11 - 04.

史使命的认识达到了新的高度。以唯物辩证法分析，习近平同志明确指出："伟大斗争，伟大工程，伟大事业，伟大梦想，紧密联系、相互贯通、相互作用，其中起决定性作用的是党的建设新的伟大工程。"① "四个伟大"是一个有机统一的整体。伟大梦想指引正确方向，为伟大斗争、伟大工程、伟大事业提供航向；伟大斗争昭示担当精神，为伟大工程、伟大事业、伟大梦想提供牵引；伟大工程锻造领导力量，为伟大斗争、伟大事业、伟大梦想提供坚强保证；伟大事业宣示道路旗帜，为伟大斗争、伟大工程、伟大梦想开辟前进路径。"四个伟大"集中体现了党的十八大以来，以习近平同志为核心的党中央治国理政新理念新思想新战略，凸显了新的历史条件下中国共产党肩负的历史使命和宏伟奋斗目标，形成了党中央治国理政的总体框架。党的二十大报告指出，中国式现代化引领我们党和国家的事业取得新的伟大成就，党和国家进一步提出"以中国式现代化全面推进中华民族伟大复兴，统揽伟大斗争、伟大工程、伟大事业、伟大梦想"②，才能更好地推进新时代党的建设的伟大工程，以自我革命引领社会革命。

（二）"五位一体"总体布局

经济建设、政治建设、文化建设、社会建设、生态文明建设"五位一体"总体布局，涉及生产力和生产关系、经济基础与上层建筑的各个环节，贯通社会主义现代化建设各个方面，是中国共产党对社会主义建设实践经验的科学总结。"五位一体"总体布局作为一个有机整体，相互联系、相互贯通、相互依存，又互为条件。经济建设是根本任务，政治建设是坚强保证，文化建设是内在灵魂，社会建设是必备条件，生态文明建设是坚实基础。我们要协调推进"五位一体"总体布局，形成经济富裕、政治民主、文化繁荣、社会公平、生态良好的发展格局，实现中华民族伟大复兴的中国梦。

---

① 中国共产党第十九次全国代表大会文件汇编 [M]．人民出版社，2017：14．
② 习近平．高举中国特色社会主义伟大旗帜　为全面建设社会主义现代化国家而团结奋斗：在中国共产党第二十次全国代表大会上的报告 [EB/OL]．[EB/OL]．（2022－10－16）[2022－10－26]．http：//cpc．people．com．cn/n1/2022/1026/c64094－32551700．html．

（三）"四个全面"战略布局

全面建成小康社会、全面深化改革、全面依法治国、全面从严治党"四个全面"战略布局拓展了中国特色社会主义发展战略新视野。习近平同志指出："'四个全面'的战略布局是从我国发展现实需要中得出来的，从人民群众的热切期待中得出来的，也是为推动解决我们面临的突出矛盾和问题提出来的。"① 全面建成小康社会是发展目标，全面深化改革是根本动力，全面依法治国是重要保障，全面从严治党是根本保证。全面建成小康社会在"四个全面"中居于引领地位，全面深化改革、全面依法治国、全面从严治党为全面建成小康社会提供重要保障，三者对实现全面建成小康社会目标缺一不可，不全面深化改革，就缺少发展的动力，社会就没有活力；不全面依法治国，国家、社会生活就不能正常运行，社会难以保持和谐稳定；不全面从严治党，党就做不到"打铁还需自身硬"，也就难以发挥好领导核心作用。

（四）党的领导、人民当家作主、依法治国有机统一

党的十九届四中全会作出的《中共中央关于坚持和完善中国特色社会主义制度 推进国家治理体系和治理能力现代化若干重大问题的决定》指出，坚持和完善中国特色社会主义制度、推进国家治理体系和治理能力现代化，要坚持党的领导、人民当家作主、依法治国有机统一。党的领导是根本保证，人民当家作主是本质特征，依法治国是基本方式，三者之间是辩证统一的。其中党的领导是贯穿始终，居于统领地位的。习近平同志指出："古今中外，由于政治发展道路选择错误而导致社会动荡、国家分裂、人亡政息的例子比比皆是。"② 从历史的经验、教训中证明，没有中国共产党的领导，人民当家作主、依法治国就无法顺利推进。党的二十大报告也把坚持党的领导归纳为全党必须牢记的"必由之路"，即"坚持党的全面

---

① 习近平. 习近平谈治国理政：第 2 卷 [M]. 北京：外文出版社，2017：24.
② 习近平. 在庆祝全国人民代表大会成立 60 周年大会上的讲话 [M]. 北京：人民出版社，2014：14.

领导是坚持和发展中国特色社会主义的必由之路"①。只有坚持党的领导、人民当家作主、依法治国有机统一，才能推进国家治理体系和治理能力现代化。不仅如此，坚持党的领导、人民当家作主、依法治国有机统一是坚持中国特色社会主义政治发展道路、坚持和发展全过程人民民主、健全坚持人民当家作主制度体系的生动体现。有利于"构建多样、畅通、有序的民主渠道，丰富民主形式，从各层次各领域扩大人民有序政治参与，使各方面制度和国家治理更好体现人民意志、保障人民权益、激发人民创造。"② 全面系统的观点是辩证思维的重要特征，应积极倡导大局观、长远观、整体观。全面系统的观点坚持了唯物辩证法的普遍联系观点，全面系统的观点是一种大局观和整体观，它要求从全局性思维去认识和把握各个局部之间关联性、协同性和耦合性；全面系统的观点也是一种战略观和长远观，它注重从大历史、大系统、大战略视域纵深地思考系统内部各要素和不同系统之间的关系。习近平同志的辩证思维体现的是一种"战略辩证法"，呈现的是哲学思维方式的特征，把辩证法运用于把握战略谋划和处理实践中的各种矛盾关系。

3.2.2 新理念和高质量的发展观

发展中的问题只能靠发展去解决。恩格斯指出，"世界不是既成事物的集合体，而是过程的集合体，其中各个似乎稳定的事物同它们在我们头脑中的思想映象即概念一样都处在生成和灭亡的不断变化中，在这种变化中，尽管有种种表面的偶然性，尽管有种种暂时的倒退，前进的发展终究会实现。"③ 新发展理念是以习近平同志为核心的党中央在新时代对马克思主义发展观的中国化、时代化，是马克思主义发展观的基本原理同中国具

① 习近平. 高举中国特色社会主义伟大旗帜 为全面建设社会主义现代化国家而团结奋斗：在中国共产党第二十次全国代表大会上的报告 [EB/OL]. (2022－10－16) [2022－10－26]. http://cpc. people. com. cn/n1/2022/1026/c64094－32551700. html.

② 中共中央关于党的百年奋斗重大成就和历史经验的决议 [M]. 北京：人民出版社，2021：69.

③ 中共中央 马克思 恩格斯 列宁 斯大林著作编译局. 马克思恩格斯选集：第4卷 [M]. 北京：人民出版社，2012：250.

体实际相结合的最新理论成果，丰富和发展了马克思主义发展观。

（一）新发展理念

党的十九届五中全会提出的创新、协调、绿色、开放、共享的新发展理念是一个内在的集合体。创新是引领发展的第一动力，注重解决发展动力问题，让创新贯穿党和国家一切工作之中；协调是持续健康发展的内在要求，注重解决发展不平衡问题，不断增强发展整体性；绿色是永续发展的必要条件，体现了人民对美好生活的追求，注重解决人与自然和谐共生问题，必须实现经济社会发展和生态环境保护协同共进；开放是国家繁荣发展的必由之路，开放带来进步，封闭必然落后，着重统筹国内和国外双循环发展大局，实现世界市场的资源优化配置；共享是中国特色社会主义的本质要求，注重解决社会公平正义问题，必须坚持全民共享、全面共享、共建共享、渐进共享，不断推进全体人民共同富裕。党的二十大指出，党和国家更加重视新发展理论，党的二十大报告鲜明地将贯彻新发展理念纳入全党必须牢记的五个"必由之路"，并深刻地指出，"贯彻新发展理念是新时代我国发展壮大的必由之路。"①

（二）新发展格局

新发展理念在科学发展观的基础上，要精准把握事物发展"形"和"势"的辩证关系。在发展挑战面前，善于处理好事物发展中"危"与"机"的辩证关系，以辩证思维看待新发展阶段的新挑战、新机遇，既要看到新发展阶段面临的诸多风险和挑战，也要看到危机并存、危中有机、危可转机的积极因素。2020年5月，面对新冠病毒感染疫情给我国经济社会发展造成的挑战和冲击，要坚持用全面、辩证、长远的眼光分析当前经济形势，努力在危机中育新机，于变局中开新局。党的二十大以来，党和国家加快构建新发展格局，着力推动高质量发展，深入推进国家安全体系和能力现代化，建设更高水平的平安中国，以新安全格局保障新发展

---

① 习近平. 高举中国特色社会主义伟大旗帜　为全面建设社会主义现代化国家而团结奋斗：在中国共产党第二十次全国代表大会上的报告［EB/OL］. (2022 – 10 – 16)［2022 – 10 – 26］. http：//cpc. people. com. cn/n1/2022/1026/c64094 – 32551700. html.

格局。

(三) 高质量发展

正是用唯物辩证法的辩证思维,在新思想方法和工作方法的指引下,习近平同志科学判断了我国处于立足新发展阶段,贯彻新发展理念、构建新发展格局,力争实现高质量发展。2017 年,党的十九大首次提出"高质量发展"要求,表明中国经济由高速增长阶段转向高质量发展阶段。高质量发展的根本在于经济的活力、创新力和竞争力。中国特色社会主义进入了新时代,我国经济发展也进入了新时代。推动高质量发展既是保持经济持续健康发展的必然要求,也是适应我国社会主要矛盾变化和全面建成小康社会、全面建设社会主义现代化国家的必然要求,更是遵循经济规律发展的必然要求。党的二十大将"实现高质量发展"纳入中国式现代化的本质要求、未来五年全面建设社会主义现代化国家开局起步的关键时期的主要目标任务,以及全面建设社会主义现代化国家的首要任务。[①] 对于未来我国推动高质量发展具有高度的战略意义和国际影响。高质量发展是适应经济发展新常态的主动选择,我国经济发展进入了新常态,因此,我们要立足大局、抓住根本,看清长期趋势、遵循经济规律,主动适应,把握引领经济发展新常态。不简单以 GDP 论英雄,要牢固树立正确的政绩观;高质量发展是贯彻新发展理念的根本体现,只有贯彻新发展理念,才能增强发展动力,推动高质量发展。高质量发展是能够很好满足人民日益增长的美好生活需要的发展,是体现新发展理念的发展,是创新成为第一动力、协调成为内生特点、绿色成为普遍形态、开放成为必由之路、共享成为根本目的的发展;高质量发展是适应我国社会主要矛盾变化的必然要求,中国特色社会主义进入新时代,我国社会主要矛盾已经转化为人民日益增长的美好生活需要和不平衡不充分的发展之间的矛盾。不平衡不充分的发展就是发展质量不高的直接表现。更好满足人民日益增长的美好生活需要,

---

① 习近平. 高举中国特色社会主义伟大旗帜 为全面建设社会主义现代化国家而团结奋斗:在中国共产党第二十次全国代表大会上的报告 [EB/OL]. (2022 – 10 – 16) [2022 – 10 – 26]. http: // cpc. people. com. cn/ n1/ 2022/ 1026/ c64094 – 32551700. html.

必须推动高质量发展。我们要重视量的发展，更要解决质的问题，在质的大幅提升中实现量的有效增长，给人民群众带来更多的获得感、幸福感、安全感。高质量发展是建设现代化经济体系的必由之路。建设现代化经济体系是跨越关口的迫切要求和我国发展的战略目标。实现这一战略目标，必须坚持质量第一、效益优先，推动经济发展质量变革、效率变革、动力变革，提高全要素生产率，不断增强我国经济创新力和竞争力。归根结底，就是要推动高质量发展。推动高质量发展是当前和今后一个时期确定发展思路、制定经济政策、实施宏观调控的根本要求。遵循这一根本要求，我们必须适应新时代、聚焦新目标、落实新部署，推动经济高质量发展，为全面建成小康社会、全面建成社会主义现代化强国奠定坚实物质基础。

总而言之，推动高质量发展离不开唯物辩证法的指导。经济发展是一个螺旋式上升的过程，上升不是线性的，量积累到一定阶段，必须转向质的提升，这是经济发展的规律使然，也是合乎唯物辩证法的基本原理。我们要学好、用好辩证法，审时度势、科学设计，以辩证思维来处理在推动高质量发展中遇到的各种矛盾关系。

（四）新发展阶段

新发展阶段是指在实现全面建成小康社会、实现第一个百年奋斗目标之后，我们乘势而上开启了全面建设社会主义现代化国家新征程、向第二个百年奋斗目标进军的一个阶段。新发展阶是一个更高的阶段，是站到了新的历史起点上的一个阶段，是对前一发展阶段的继承和超越。新发展阶段是在旧的发展阶段不断进行自我否定、自我扬弃基础上的自我发展，否定将旧发展阶段与新发展阶段联系起来，需要经过两次否定，即否定、否定之否定阶段的发展，才能实现新的飞跃。新发展阶段的发展不是一帆风顺的，是前进性与曲折性的统一。事物的发展是螺旋式上升的，事物越复杂，矛盾就会越多，需要的时间也就越长。我国社会主义现代化建设战略安排的第一个阶段是从 2020 年到 2035 年，在全面建成小康社会的基础上，再奋斗 15 年，基本实现社会现代化。第二个阶段是从 2035 年到 21 世纪中叶，在基本实现现代化的基础上，再奋斗 15 年，把我国建设成为富强民主文明和谐美丽的社会主义现代化强国。实现"三步走"战略之后，再提出"两步走"战略，目标任务不同，难易程度有差异，我们要充分预估发展道路不会一帆风顺，但我们会坚信前途是光明的，因为这就是事物的发展规律。

3.2.3　新问题和新要求的矛盾论

学习运用唯物辩证法的关键是要善于抓住事物的矛盾，矛盾论是唯物辩证法的基石。习近平同志强调，辩证思维能力就是承认矛盾、分析矛盾、解决矛盾，善于抓住关键、找准重点、洞察事物发展规律的能力，这就指出了辩证思维的两个基本方面，即"两点论"和"重点论"。

"两点论"即一分为二地看问题。对于改革，在分析经济新常态时，应既强调中国经济增长更趋平稳、增长动力更为多元等机遇，又指出了"一些潜在风险渐渐浮出水面"等新问题、新矛盾。"重点论"即以重点带动一般。习近平同志说，我们既要讲两点论，又要讲重点论。没有主次，不加区别，眉毛胡子一把抓，是做不好工作的。

（一）社会主要矛盾的新论断

在社会中，存在社会基本矛盾和社会主要矛盾，一般来说，社会基本矛盾是其他一切社会矛盾的根源。在我国，生产力与生产关系、经济基础与上层建筑之间的矛盾依然是社会的基本矛盾，它规定和制约着社会主要矛盾的存在和发展，随着基本矛盾的发展、变化，主要矛盾的内容和地位也相应地发生改变。我们在解决社会基本矛盾的过程中，也带动了社会主要矛盾的发展、变化。

新中国成立以来，我国的社会主要矛盾发生了三次变化。由于剥削阶级已经消灭，阶级斗争虽然还在一定范围内存在，但社会的主要矛盾已经不是阶级斗争。1956 年，党的八大报告指出："我们国内的主要矛盾，已经是人民对于建立先进的工业国的要求同落后的农业国的现实之间的矛盾，已经是人民对于经济文化迅速发展的需要同当前经济文化不能满足人民需要的状况之间的矛盾。"改革开放初期，1979 年，在中央召开的理论务虚会上初次提出，"我们的生产力发展水平很低，远远不能满足人民和国家的需要，这就是我们目前时期的主要矛盾，"1981 年党的十一届六中全会对我国社会主要矛盾做了规范的表述，"在社会主义改造基本完成以后，我国所要解决的主要矛盾，是人民日益增长的物质文化需要同落后的社会生产之间的矛盾"。在党的十九大报告中，习近平同志强调，中国特色社会主义进入新时代，我国社会主要矛盾已经转化为人民日益增长的美好生活需要和不平衡不充分的发展之间的矛盾。党的二十大报告，又进一步明确了社会的主要矛盾不变，并要"紧紧围绕这个社会主要矛盾推进各项工作，不断丰富和发展人类文明新形态"①。

社会主要矛盾的变化体现了我国发展取得的成就，反映了我国发展的阶段性要求和人民的对发展的新期待。新时代社会主要矛盾已经成为制约人民对美好生活向往的主要因素，是我们当代发展面临的各种矛盾和问题的集中体现，因此，抓住这一主要矛盾，就等于牵住了解决其他矛盾的"牛鼻子"，社会主义建设事业就会朝着正确的方向前进。

（二）坚持问题导向

问题是事物的矛盾，问题是时代的声音，人类认识世界、改造世界的过程，就是一个发现问题、解决问题的过程，坚持问题导向是马克思主义的鲜明特点。习近平同志强调，"每个时代总有属于它自己的问题，只要科学认识，准确地把握、正确地解决这些问题，就能够把我们的社会不断推向前进"。② 坚持问题导向，重点要从问题本身的内在逻辑出发认识和分析问题，找到问题的起因和本质，采用科学的方法，实施正确的路径，最后实现解决问题的目标。坚持问题导向本质上就是要抓住事物的矛盾，坚持矛盾普遍性和特殊性的统一。坚持问题导向关键在于善于发现问题，这是解决问题的前提。矛盾具有普遍性，旧的问题解决了，新的问题就会产生，这就要求我们坚持发展的观点，具体问题具体分析。善于见微知著，

① 习近平. 高举中国特色社会主义伟大旗帜 为全面建设社会主义现代化国家而团结奋斗：在中国共产党第二十次全国代表大会上的报告［EB/OL］.（2022－10－16）［2022－10－26］. ht-tp：//cpc. people. com. cn/n1/2022/1026/c64094－32551700. html.

② 习近平. 之江新语［M］. 杭州：浙江人民出版社，2007：235.

透过现象看清本质，善于抓主要矛盾和矛盾的主要方面。我们党历来重视调查研究，在研究中发现问题、解决问题。

党的十八大以来，改革开放进入攻坚期和深水区，问题棘手、矛盾尖锐，我们党以强大的政治魄力直面矛盾，攻坚克难，以问题为导向，把工作的着力点放在最突出的问题和矛盾上，把化解矛盾、破解难题作为打开局面的突破口，着重解决事关人民的紧、要、难、急问题，充分彰显了强烈的问题意识、鲜明的问题导向。在习近平新时代中国特色社会主义思想科学指导下，我们党推动全面深化改革涉险滩、破坚冰，持之以恒纠"四风"、刮骨疗伤反腐败，啃下脱贫"硬骨头"，打赢蓝天碧水净土保卫战等，都是聚焦治国理政中面临的重大理论和实践问题，把问题作为研究制定政策的起点。

党的二十大报告在深刻总结《中共中央关于党的百年奋斗重大成就和历史经验的决议》基础上，进一步将坚持问题导向纳入习近平新时代中国特色社会主义思想的世界观和方法论中。这要求"我们要增强问题意识，聚焦实践遇到的新问题、改革发展稳定存在的深层次问题、人民群众急难愁盼问题、国际变局中的重大问题、党的建设面临的突出问题，不断提出真正解决问题的新理念新思路新办法"①。

坚持问题导向最重要的方法之一就是调查研究。没有调查，就没有发言权，更没有决策权。毛泽东同志到湖南省进行农民运动调研，使革命找到了可靠的同盟军；邓小平同志考察各国的发展情况，调查国内的发展问题，解决了什么是社会主义、怎样建设社会主义的问题；习近平同志十分注重调查研究，脚步遍布祖国大地，认为调查研究是谋事之基、成事之道，是我们党的优良传统，是做好各项工作的基本功。在我们党的百年辉煌历史中，马克思主义中国化重大成果的取得，中国道路的成功开辟和不断拓展，都是以调查研究为前提、为依据的。党的十八大以来，以习近平同志为核心的党中央带头改进作风，深入调查研究，以一系列科学决策和成功实践推动党和国家

① 习近平. 高举中国特色社会主义伟大旗帜 为全面建设社会主义现代化国家而团结奋斗：在中国共产党第二十次全国代表大会上的报告 [EB/OL]. (2022 - 10 - 16) [2022 - 10 - 26]. http://cpc. people. com. cn/n1/2022/1026/c64094 - 32551700. html.

事业取得历史性成就、发生历史性变革。新时代建设中国特色社会主义，坚持和弘扬唯实求真的精神，对进一步锻造强化、深入唯实的工作作风，密切联系群众，走好实现第二个百年奋斗目标路，夺取全面建设社会主义现代化国家的伟大胜利，具有重要的指导意义和现实意义。

习近平新时代中国特色社会主义思想是坚持和运用辩证唯物主义和历史唯物主义的光辉典范，坚持实事求是，立足中国现实，贯彻知行合一，坚持认识和实践的辩证统一，牢牢把握住了实事求是这一马克思主义活的灵魂，坚持一切从实际出发来研究和解决问题，既把"事实"弄清楚，又把"求是"搞透彻。坚持问题导向，集中体现了在认识问题、分析问题、解决问题中推进事业发展的本领，充分彰显了习近平新时代中国特色社会主义思想中唯物辩证法的鲜亮底色。习近平新时代中国特色社会主义思想坚持运用辩证唯物主义和历史唯物主义解决新时代重大理论和实践问题，为全党学好用好马克思主义立场观点方法，深入掌握马克思主义基本原理树立了光辉榜样。

第四章 历史分析方法

4.1 马克思主义历史观

社会现象的发生，社会矛盾的出现，总有历史根源、内在动因。历史分析法就是要追根溯源，弄清来龙去脉，透过现象看本质，从而揭示事物的发展趋势和规律。历史是最好的教科书。习近平同志高度重视历史思维方法，历史思维能力就是知古鉴今，善于运用历史眼光认识发展规律、把握前进方向、指导现实工作的能力。强调要加强历史学习、总结历史经验、认识历史规律，提高用大历史观分析和解决问题的能力。

4.1.1 马克思主义历史观的革命性变革

社会历史现象扑朔迷离、纷繁复杂。社会发展是否如同自然界一样有规律可循？社会发展的根本动力是什么？谁是历史的创造者？如何评价杰出历史人物在历史中的作用？这些"历史之谜"在思想史上长期困扰着人们。马克思、恩格斯创立的历史唯物主义实现了社会历史观的伟大变革，无疑是思想史的重大"事件"，因为它使"历史"真正成了一门科学，为我们正确认识人类社会历史及其发展趋势，准确把握社会发展的动力因素和人民群众在历史中的作用提供了科学的理论指导。

马克思主义历史观"始终站在现实历史的基础上，不是从观念出发来解释实践，而是从物质实践出发来解释各种观念形态。"① 马克思认为，人类社会不是人的生命个体的总和，而是人与人之间联系的总和。任何人类历史的第一个前提无疑是有生命的个人的存在。要使有生命的个体得以存在，人就必须能够生活，"但是为了生活，首先就需要吃喝住穿以及其他一些东西。因此第一个历史活动就是生产满足这些需要的资料，即生产物质生活本身。"② 而"已经得到满足的第一个需要本身、满足需要的活动和已经获得的为满足需要而用的工具又引起新的需要"③。在需要与新的需要的发展过程中，发生人与自然之间的物质变换关系（生产力），也发生人与人之间的物质交换关系（生产关系）。由生产力和生产关系构成的矛盾运动的无限性，就构成了人类社会发展的无限性。因此，人类社会历史的起点是物质的。人本身是自然界的一部分，"需要"是由人这个生命有机体的客观要求引起的，因而是物质的，满足需要的资料及生产这些资料的生产工具是物质的，生产这些资料的活动是物质的；在生产活动中人与人之间的交换关系——生产关系也是物质的，人类社会历史的物质性是毋庸置疑的。马克思主义历史分析方法的全部理论是建立在承认生产力是推动社会发展的最终物质力量的理论基础上的，承认生产力与生产关系的矛盾运动是推动历史前进的原动力。

4.1.2　马克思的历史"从后思索法"

历史是已经过去的存在，从历史认识论视角分析，认识主体不可能直接接触认识客体。马克思提出"从后思索法"的思维方法成为历史分析的一种重要方法，"'从后思索法'是马克思在《资本论》中分析商品拜物教的性质及其秘密时提出来的。"④ 马克思指出："对人类生活形式的思索，从而对它的科学分析，总是采取同实际发展相反的道路。这种思索是从事

---

① 中共中央 马克思 恩格斯 列宁 斯大林著作编译局. 马克思恩格斯选集：第 1 卷 [M]. 北京：人民出版社，2012：172.

② 同①，第 158 页。

③ 同①，第 159 页。

④ 杨耕. 马克思主义历史观研究 [M]. 北京：北京师范大学出版社，2012：178.

后开始的，就是说，是从发展过程的完成的结果开始的。"① 由于社会历史的发展从过去到现在，从低级到高级，历史主体无法直接面对历史的客体，只能通过历史的结果逆向溯因，采取同实际相反的道路考察过去的历史，马克思在《博士论文》《〈黑格尔法哲学批判〉导言》《1857—1858 年经济学手稿》等著作中娴熟地运用了"从后思索法"。

历史分析方法的一个重要特征，就是整体掌握历史事件，分析历史原因，评价历史结果，把握历史规律。"从后思索法"的目标就是通过历史结果"逆向"历史过程或轨迹，从而找到历史原因或发现历史规律。通过历史与逻辑相统一的思维，再从原因导向结果，在原因与结果之间双向循证，这是唯物史观的总体分析法的基本要求。

在以实践为基础的唯物史观视域中，马克思认为，实践是过去历史向现实社会过渡，是通向未来发展的"转换器"。"从后思索法"表面上看起来是从结果向原因的回溯，实质上是"借古喻今"，即面向未来，这都要基于实践基础上才能完成。把握马克思的"从后思索法"，关键还要运用好科学抽象法。按照马克思的观点，科学抽象法要求从感性的具体现象出发，经过分析，上升到抽象规定，形成理性认识。科学抽象法对把握"从后思索法"具有重要的支撑作用，从纷繁复杂的历史丛林中把握历史现象背后的动因，即规律，如果没有建构科学的抽象法是无法实现的。从形式上说，科学抽象法与"从后思索法"在抽象思维要求上是一致的；从过程上说，"从后思索法"主要呈现的是一种理路过程，而科学抽象法更倾向于演绎思维，体现从一般到具体的思维方法。

4.1.3　逻辑与历史相统一的方法

在《〈政治经济学批判〉导言》和《卡尔·马克思〈政治经济学批判〉》等著作中，马克思和恩格斯论述了科学的"逻辑与历史相统一"的原理及方法，并且在之后《资本论》的写作中卓越地运用了这一原理及

---

① 中共中央 马克思 恩格斯 列宁 斯大林著作编译局. 马克思恩格斯全集：第23卷［M］. 北京：人民出版社，1972：92.

方法。

简言之，逻辑与历史相统一的方法就是指逻辑的东西要与历史的东西相一致、相吻合，具体是指人的思维逻辑进程与客观现实发展的历史进程相统一。所谓逻辑的东西是指思维规律和思维形式，如概念、判断、推理和理论体系等主观的东西。历史的东西是第一性的，是不以人的意志为转移的、客观存在的东西。逻辑的东西是第二性的东西，是历史的东西在思维中的反映。历史的东西是逻辑的东西的客观基础。逻辑的东西由历史的东西所派生，是对历史的东西的理论反映和概括。逻辑的东西具有抽象性、概括性、本质性、必然性等特点，它揭示历史发展的总趋势和基本线索。所谓历史的东西主要包括客观世界本身的历史发展过程，人类实践活动的历史发展过程，人类认识的历史发展过程。历史的东西表现出生动性、多样性、丰富性的特点，既有现象，也有本质，既有个别，也有一般，既有偶然，也有必然，事物发展有其各自的特点。在发展过程上表现为迂回曲折，有时间顺序，一去不复返，但总的方向是前进发展的，但它的发展是渐变和飞跃、顺向和逆转、前进和倒退的统一。

逻辑和历史在本质上是一致的，历史是逻辑的现实基础，逻辑是历史的理论再现。正如恩格斯所说："历史从哪里开始，思想进程也应当从哪里开始，而思想进程的进一步发展不过是历史过程在抽象的、理论上前后一贯的形式上的反映；这种反映是经过修正的，然而是按照现实的历史过程本身的规律修正的。"① 这段话精辟概括了历史与逻辑两者之间的辩证统一关系。

第一，逻辑的起点和历史的起点是一致的。逻辑的东西是历史的东西在思维中的再现。因此，历史发展从哪里开始，思维的逻辑起点也应该从哪里开始。因此，要在思维中再现资本主义发生、发展和灭亡的规律，应从商品开始，因为商品是资本主义历史的逻辑起点。

第二，逻辑与历史的统一是以实践为基础的。历史发展和思想进程要

---

① 中共中央 马克思 恩格斯 列宁 斯大林著作编译局. 马克思恩格斯选集：第 2 卷 ［M］. 北京：人民出版社，2012：14.

以人类的实践为基础，不能脱离实践活动所能及的范围和水平。人类的思维进程是随着实践水平的发展逐渐接近客观事物的自然发展史，实践发展到哪里，思想才能跟随到哪里。同样，对商品本质的深刻认识，只有到商品生产、商品经济高度发展的资本主义时代才有可能。①

第三，逻辑和历史是有差别的统一。逻辑对历史的反映，不是机械的、照相机式的、简单的复制，而"是经过修正的"能动地反映历史。在现实的历史发展过程中，包含着无数细节的、偶然的现象和次要的因素，贯穿其中的历史必然性，不是以纯粹的形态表现出来的，而是通过大量的具体生动、错综复杂的历史现象开辟道路。如果逻辑把历史的一切细节都包罗无遗，就会陷入繁杂的现象罗列，不能深刻揭示事物的本质和规律。理论思维的任务，就是依据历史事实，经过抽象概括，抛弃外在的、表面的、偶然的东西，抓住基本线索、基本方向，把握内在的、本质的规定，形成理论体系。因此，它是"修正过的"的反映。但这种"修正"，又不是对历史的歪曲，而是按照现实的历史过程本身的规律修正的。由此可见，马克思主义逻辑与历史相统一是就其总的过程、一般趋向，以及它们的实质方面而言的，是说它们大体上一致，绝不是机械的统一或完全意义上的无差别的等同。

第四，历史的方法和逻辑的方法相互渗透、互相包含。逻辑的和历史的相统一的原则，应用到具体的研究和叙述中，体现为逻辑的方法和历史的方法的统一。所谓历史的方法，是指根据客观事物及其对象的历史发展的自然进程来揭示和研究其历史规律的方法。所谓逻辑的方法，是指在思维中把事物的历史进程以逻辑的形式表现出来，运用一系列概念、范畴等构成的理论体系来揭示其规律的方法。两者在一定程度上、一定范围内是互相渗透、互相包含的。如在运用历史的方法时，并不是不加选择地、绝对地追随历史的自然进程，而是既有选择，也有重点，这就需要从事实的本质与规律性的角度去考察和衡量，因此，也就意味着运用逻辑的方法。在运用逻辑的方法时，也不能仅限于抽象的领域，而是要有历史的佐证，

---

① 刘盛际. 马克思主义哲学简明教程 ［M］. 北京：开明出版社，1991：158.

需要不断地接触现实，因此，也就意味着运用了历史方法。同样，在历史认识、历史研究中，固然以历史方法为主，但这种历史方法本身就渗透或包含了逻辑的方法方面的因素与内容。

第五，历史方法与逻辑的方法在一定条件下可以相互促进、相互转化。一方面，运用历史的方法，人们必须追随历史发展的曲折过程，分析其中的重大历史事件及重要历史人物，甚至有些时候还要研究历史发展中的偶然性因素。但这并不意味着人们要不加选择、绝对地追随历史的自然进程，而是需要对历史材料进行抽象分析与加工，使历史的叙述服从于对历史规律的揭示，因此，也就意味着运用逻辑的方法。同时，在运用逻辑的方法时，人们往往撇开历史发展过程中的那些非本质的因素，运用分析与综合的方法对历史展开研究，然而又不能局限于抽象的、纯粹的领域，而要有历史的佐证，需要不断地接触现实，用历史事实印证人们对客观事物所作的逻辑分析及结论，这也就意味着运用历史的方法。另一方面，在认识与研究过程中，当人们考察了历史的发展过程后，要从理论上概括事物的本质规律时，这时历史的方法就转化成为逻辑的方法；而当人们运用逻辑的方法认识了事物及对象的某一方面的本质规律，需要去认识作为整体的事物的总体本质规律时，就需要不断收集材料，需要对事物历史的过程及来龙去脉进行研究，从而将逻辑的方法转化为历史的方法。因此，逻辑的方法与历史的方法是相互联系、相互转化的。由此可见，历史的方法与逻辑的方法总是对立统一地联系着，共同构成了统一的辩证思想方法的两个不可分割的方面和环节。在实践过程中达到逻辑与历史的统一。实践是"历史和逻辑"的基础。一方面，实践创造了人类历史，是人类历史的来源。马克思认为，人们为了能够"创造历史"必须先满足吃、喝、住、穿，因此，第一个历史活动就是生产满足这些需要的资料，即生产物质生活本身也就是实践活动。另一方面，逻辑思维是在实践中发展锻炼起来的。历史与逻辑在本质上都可以归结为实践的产物。

总之，人们通过实践掌握历史的内在规律，即历史的逻辑。人们对于各种事物的逻辑知识，不是天生的，而是源于实践的经验。人们通过实践逐步掌握历史的内在规律性，实践推动历史与逻辑的统一不断向前发展。

"历史与逻辑"的辩证关系，需要通过实践来考察。

4.2 新时代历史思维方法

党的十八大以来，习近平同志高度重视中共党史、新中国史、改革开放史、社会主义发展史，即"四史"的学习，发表了一系列重要讲话，在全党、全国范围内进行党史学习教育活动。从党诞生至今，已走过百年奋斗历程，百年恰是风华正茂，回望百年奋斗历程，必须总结好、学习好党的历史，以大历史的眼光洞察历史发展规律和时代发展大势，从党的历史中汲取力量，以巨大的勇气和力量做好当前的事情，坚定不移地走向未来。

4.2.1 树立大历史观探寻历史规律

党的十八大以来，习近平同志在多次讲话中提及"大历史""大历史观"等概念，坚持在治国理政中运用辩证唯物主义和历史唯物主义的世界观和方法论，把中国的实际问题放到世界和中国的历史长河大背景中去分析思考。有学者认为："所谓大历史观，是历史研究的一种视野。就是从宽广的视角来认识历史、把握历史的一种历史方法论，其要义是把历史事件放到比较长的历史时段来观察，探究历史事件发生的原因，呈现历史事件发展的进程，客观评价历史事件的地位，以揭示历史发展趋势，诠释历史发展规律。"① 大历史观作为一种研究视野，是历史唯物主义基本原理的具体运用，马克思、恩格斯以宽广的历史视野揭示了自原始公社化以来的一切历史都是阶级斗争的历史，揭示了生产力与生产关系，经济基础与上层建筑之间的矛盾运动是社会基本矛盾，揭示了资本主义必然灭亡、社会

---

① 奉清清. 以大历史观看新中国七十年：中华民族伟大复兴的脚步不可阻挡［N］. 湖南日报，2019 - 09 - 10（8）.

主义必然胜利的发展规律，明确指出人类社会发展经历了原始社会、封建社会、资本主义、社会主义的发展历程。党的十八大以来，我们坚持以大历史观来认识社会历史发展，客观总结历史规律，揭示历史发展趋势，深化对历史本质的认识。关于坚持大历史观的重要论述，理论视野极为宏大、实践背景极为广阔，进一步提升了人们对于马克思主义大历史观的认识。

"大历史观"是以中华民族源远流长的文明史作为大背景，几千年来，中华民族创造了辉煌灿烂的中华文明，是唯一没有中断的文明，为人类文明做出了巨大的贡献。"170多年的斗争史"是中国历史上最深重、最革命的时代，无数仁人志士前仆后继，提出了各种救国方案，可最终也没能改变中国半殖民地半封建的社会性质和中国人民悲惨的命运，说明这些方案不符合历史逻辑、实践逻辑。洋务运动提出的"中体西用"思想没有触及封建社会的根基；戊戌变法在资本主义发展不充分、力量弱小时进行的资本主义改造没有成功；义和团运动因具有笼统排外色彩和愚昧残暴，加上农民运动本身具有缺陷性和盲目性，使其被清政府利用；辛亥革命没有进行彻底的反帝反封建，革命成果被袁世凯窃取。十月革命一声炮响，为中国送来了马克思主义，五四运动是一场彻底反帝反封建爱国运动，中国工人阶级作为独立的政治力量登上历史舞台，促进了马克思主义传播，从此，中国革命、建设、改革就有了坚实的领导阶级。以大历史观来看，五四运动是中华民族走向伟大复兴的历史转折点，"建立中国共产党、成立中华人民共和国、推进改革开放和中国特色社会主义事业，是五四运动以来我国发生的三大历史性事件，是近代以来实现中华民族伟大复兴的三大里程碑。"[①] 展现了中国人民选择社会主义道路的历史逻辑、理论逻辑和实践逻辑的统一。在"90多年的奋斗史"中，俄国十月革命的胜利，建立了人类历史上第一个社会主义国家，社会主义由理想变成现实，在世界上引起了强烈的反响，社会主义兴起，为世界各国无产阶级革命、殖民地和半殖民地的民族解放运动开辟胜利前进的道路，中国共产党的诞生是顺应世

---

① 习近平. 在庆祝改革开放40周年大会上的讲话 [M]. 北京：人民出版社，2019：4.

界发展大势的结果。中国共产党的诞生是历史上开天辟地的大事件，是改变中国历史命运的关键所在。自从有了中国共产党，中国革命的面貌就焕然一新，在党的团结带领下我们改天换地建立了新中国，进行改革开放使中国发生了翻天覆地的变化，社会主义进入新时代取得了全方位的成就，中华民族以昂扬奋发的姿态屹立于世界东方。

"大历史观"继承了马克思主义唯物史观，并把"大历史观"运用于中国特色社会主义的具体实践中，在纷繁复杂的历史现象中把握历史规律，始终以马克思主义唯物史观的理论和方法把握历史大势，善于抓住和利用各种利害机遇，正确对待前进道路上的问题，正确处理好中国和世界的关系，推动党和国家的事业实现新的高度。我们要深刻学习，坚持运用马克思主义大历史观分析问题、解决问题，推动党史学习教育深入开展。

4.2.2　以历史发展的眼光辩证地看待问题

以史为鉴，开创未来，"历史是最好的教科书"，历史中包含着宝贵的经验，是现实和未来的基础。"历史、现实、未来是相通的。历史是过去的现实，现实是未来的历史。"① 历史是连接过去与未来的桥梁，把握历史发展的脉络，明确当前的局势，朝着更美好的未来发展。习近平同志站在人类历史进程的高度，以历史的眼光深刻洞察历史发展规律和时代发展大势，揭示了我们处于百年未有之大变局，世界进入历史动荡期，这是我们全面建设社会主义现代化国家，全面推进中华民族伟大复兴的时代背景，因此，要坚持大历史观眼光和思维，端起历史的望远镜，把握事物发展的本质和内在联系，干好当前的事情，在历史的长河里稳中求进，坚定不移朝着奋斗目标前进。一百年前，我们党选择了马克思主义，走社会主义道路，把为中国人民谋幸福，为中华民族谋复兴作为自己的初心和使命，我们夺取了新民主主义革命的胜利，走过了万里长征的第一步，新时代，我们重走长征路，重温历史牢记党的初心和使命，满足人民对美好生活的需要，走好新时代的长征路。"回顾历史，不是为了从成功中寻求慰藉，更

---

① 习近平. 习近平谈治国理政：1 卷 [M]. 北京：外文出版社，2014：67.

不是为了躺在功劳簿上、为回避今天面临的困难和问题寻找借口,而是为了总结历史经验、把握历史规律,增强开拓前进的勇气和力量。"① "只有回看走过的路、比较别人的路、远眺前行的路,弄清楚我们从哪儿来、往哪儿去,很多问题才能看得深、把得准。"② 把历史现象放到与过去、现在、未来相联结的历史长河中去考察,从而联系地、系统地、整体地、发展地看待历史与现实的关系,总结历史经验,探索历史发展规律,把握当下,开创未来。社会主义道路是人民的选择,是历史的选择,一百年来,我们党不管形势和任务如何变化,不管遇到什么样的惊涛骇浪都坚持走社会主义道路,我们党用几十年的时间走完了发达国家几百年走过的工业化历程,中国特色社会主义进入新时代,这是我们发展的新历史方位。党的十八大以来,我们党成功推进和拓展了中国式现代化,现阶段我们的目标是以中国式现代化全面推进中华民族伟大复兴。

4.2.3 总结历史经验要坚持正确政治方向

中国共产党团结带领中国人民历经百年奋斗,深刻总结革命、建设、改革的历史经验,得出了一条宝贵的历史经验,那就是坚持正确的政治方向,掌握政治主动权。我们要坚守的政治方向,就是共产主义远大理想和中国特色社会主义共同理想,就是党的基本理论、基本路线、基本方略。历史实践表明,政治方向是党生存和发展的第一位问题,事关党的前途命运和事业的兴衰成败。

党的十八大以来,我们全面从严治党,增强政治意识,抓紧政治建设。我们党作为马克思主义的执政党,就是要旗帜鲜明讲政治,严肃认真开展党内政治生活,这也是马克思主义执政党的鲜明特征。党领导人民推进党和国家各项事业发展,最重要的就是坚持正确的政治方向,坚持正确的政治方向,始终保持我们党的正确领导,始终沿着中国特色社会主义道路前进。党的十九大以来,我们把党的政治建设摆在首位,从政治上看问

① 习近平. 论中国共产党历史 [M]. 北京:中央文献出版社,2021:121.
② 习近平. 习近平谈治国理政:第3卷 [M]. 北京:外文出版社,2020:70.

题，把握政治大局，不断提高政治判断力、政治领悟力、政治执行力。"总结我们党的历史经验特别是党的十八大以来加强党的全面领导和全面从严治党实践取得的成效，党的十九大旗帜鲜明把党的政治建设摆在首位，并强调要以党的政治建设为统领。"① 党的政治建设的首要任务，就是坚持党的政治领导，保证全党服从党中央，坚持党中央权威和集中统一领导。坚持党中央权威和集中统一领导，是党和国家的根本所在、命脉所在，是各族人民的利益所系、幸福所系。我们要坚决维护习近平总书记党中央的核心、全党的核心地位，坚决维护党中央权威和集中统一领导，健全维护党中央权威和集中统一领导的各项制度，党的团结统一才能更加巩固。站稳政治立场，在思想上、行动上同党中央保持高度统一、政治上坚决维护党的领导地位，不断增强政治定力、政治鉴别力、政治免疫力，在大是大非面前头脑清醒，在大风大浪面前立场坚定，始终听党话、跟党走。

4.2.4　党的第三个历史决议贯穿历史分析方法

一百年来，党团结带领人民在革命、建设、改革各个历史时期持续奋斗，创造了彪炳中华民族发展史、世界社会主义发展史、人类社会发展史的奇迹，彻底扭转了近代以来中华民族的历史进程，生动谱写了世界社会主义历史发展的壮丽篇章，成功开辟了马克思主义新境界，为实现中华民族伟大复兴建立了不朽功业，为促进人类进步做出了重大贡献。在这一伟大征程中，党和人民积累了极其宝贵的历史经验，这些都值得系统总结。我们党过去为何能够成功？未来怎样做才能继续成功？党的百年奋斗历程波澜壮阔，时间跨度长，涉及范围广，需要研究的问题多。站在历史的新起点上，回望过去 40 年来，乃至过去 100 年来的奋斗、牺牲和创造，我们党需要再次做出深刻总结和科学分析。2021 年 11 月，党的十九届六中全会审议通过了《中共中央关于党的百年奋斗重大成就和历史经验的决议》

---

① 习近平. 总结党的历史经验 加强党的政治建设 ［J］. 内蒙古宣传思想文化工作，2021（5）：7.

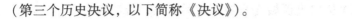

(第三个历史决议，以下简称《决议》)。

（一）在大历史观中把握党的奋斗主题

中国共产党的百年历程波澜壮阔、艰苦卓绝，如何才能在错综复杂的历史中正确认识党史？党的第三个历史决议以正确党史观为导向，在大历史观中看历史发展的主流，可以清晰地看到，中国共产党在艰难的革命、建设和改革的探索中始终毫不动摇地带领全体中国人民把握党的奋斗主题，使党最终能够战胜困难、克服错误，取得一个又一个光辉成就。

第三个历史决议是在建党百年之际作出的，它以中国共产党带领中国人民实现中华民族伟大复兴为逻辑主题，客观清醒地总结了党的百年成就和历史经验，动员鼓舞全党同志以史为鉴，"为实现第二个百年奋斗目标、实现中华民族伟大复兴的中国梦而不懈奋斗"①。《决议》通过四个时期的历史总结，将中国革命、建设、改革中自立自强的历史瞬间一一连贯起来，让人们更加清晰地看到中国共产党壮丽赓续的奋斗史、创业史、成长史、发展史。《决议》不仅站在中国近现代史对比的角度审视党的百年奋斗，而且还站在社会主义 500 年发展史、中华民族五千年文明史和整个人类历史角度来衡量党的百年历程，中国共产党带领中国人民创造了经济快速发展和社会长期稳定的"两大奇迹"，开创了中国式现代化道路，这是发展中国家实现现代化的新路径，打破了现代化发展模式的西方话语垄断，创造了人类文明新形态。该决议不拘泥于某一个历史阶段和历史事件，以宽广的历史视野、深邃的历史眼光，立足民族复兴，从苦难辉煌中汲取不断前进的力量，从丰功伟业中获得走向未来的启迪，为世人展现了中国共产党矢志不渝地为实现国家富强、民族振兴、人民幸福进行不懈斗争的百年历史画卷。

（二）遵循实事求是的思想路线

"实事求是，是马克思主义的根本观点，是中国共产党人认识世界、改造世界的根本要求，是我们党的基本思想方法、工作方法、领

---

① 中共中央关于党的百年奋斗重大成就和历史经验的决议 [N]. 人民日报，2021 - 11 - 17 (1).

导方法。"① 第三个历史决议始终坚持从实际出发，密切联系实际，以尊重客观事实为基础，用实事求是的态度对待党的历史，在实践中丰富和发展实事求是的思想路线，成为全面客观认识党史的方法典范。

在以恢宏的气势回首党史时，以历史主题为脉络，以尊重客观事实为基础，对党的历史进行认识和分析，为正确认识党的历史正本清源、固本培元。第三个历史决议虽然以总结成就和经验为主要目的，但依然没有回避百年党史中出现的错误，对陈独秀右倾机会主义、王明"左"倾教条主义，人民公社化运动、反右派斗争扩大化都有提及。同时指出，要在新的征程中"从弯路挫折中吸取历史教训，不为任何风险所惧，不为任何干扰所惑，决不在根本性问题上出现颠覆性错误"②。在《决议》中，党尊重客观历史事实，勇于正视错误，以实事求是的态度分析产生问题的原因和根源，并纠正自己的错误，下决心修正错误，防止同样的错误再次发生。"党历经百年沧桑更加充满活力，其奥秘就在于始终坚持真理、修正错误。党的伟大不在于不犯错误，而在于从不讳疾忌医，积极开展批评和自我批评，敢于直面问题，勇于自我革命。"③ 在叙述党的百年奋斗历程中，对我们党的重大成就和历史经验做了全面的总结，对党的历史贡献做了科学的评价，以实事求是的态度准确把握了历史发展大势，对党和国家的事业发展做出科学的规划。站在新的历史起点，党将继续实事求是地把马克思主义的基本原理与中国基本国情相结合，与中华优秀传统文化相结合，牢牢确立习近平同志党中央的核心、全党的核心地位，确立习近平新时代中国特色社会主义思想的指导地位，聚焦中国特色社会主义现代化建设的实际，推动全党进一步统一思想、统一意志、统一行动，推动社会主义现代化强国建设，实现中华民族伟大复兴。

如果说第一个历史决议致力于在全党确立实事求是思想路线，第二个

---

① 习近平. 在纪念毛泽东同志诞辰 120 周年座谈会上的讲话 [M]. 北京：人民出版社，2013：19.

② 中共中央关于党的百年奋斗重大成就和历史经验的决议 [N]. 人民日报，2021-11-17 (1).

③ 同②。

历史决议重点是实事求是思想路线的重新确立和巩固，那么，第三个历史决议则是通过进一步坚持实事求是思想路线，对百年奋斗的成就和经验进行总结。第三个历史决议以实事求是的态度看待党的百年奋斗历史，总结历史经验，并在"中国共产党百年奋斗的历史经验"这一部分的第三条"理论创新"中，对实事求是进行了专门阐释，认为党之所以能够完成其他政治力量不可能完成的艰巨任务，根本原因在于坚持了解放思想、实事求是、与时俱进、求真务实，同时要求全党要继续不断结合新的实践，推动理论创新。在该历史决议的最后一个部分"新时代的中国共产党"中，再次以实事求是的清醒态度看到中华民族伟大复兴还存在的困难和面临的矛盾，号召全党用马克思主义的立场、观点、方法观察时代、把握时代、引领时代。《中共中央关于党的百年奋斗重大成就和历史经验的决议》充分体现了党在实事求是思想路线上的执着和坚定，推动了实事求是思想路线在新时代进一步丰富和发展。

（三）坚持历史唯物主义的人民立场

"历史反复证明，人民群众是历史发展和社会进步的主体力量。"[1] 一百年来，中国共产党始终坚持相信人民、依靠人民，用实际行动践行了"一切为了人民"。体现了中国共产党的人民立场，处处闪耀着马克思历史唯物主义的光辉。

"人民是历史的创造者，是决定党和国家前途命运的根本力量"[2]。第三个历史决议明确指出，中国共产党从成立起，始终把为中国人民谋幸福，为中华民族谋复兴作为自己的初心使命，始终贯穿着"人民"这条红线。党的十八大以来，以习近平同志为核心的党中央，坚持人民至上，开创了中国特色社会主义新时期。此历史决议在总结"坚持人民至上"的百年历史经验时指出，"江山就是人民、人民就是江山""党的最大政治优势是密切联系群众，党执政后的最大危险是脱离群众"，明确宣告党始终"坚持一切为了人民、一切依靠人民，坚持为人民执政、靠人民执政，坚

---

① 习近平. 习近平谈治国理政：第 1 卷［M］. 北京：外文出版社，2014：27.
② 同①，第 135 页。

持发展为了人民、发展依靠人民、发展成果由人民共享，坚定不移走全体人民共同富裕道路"，也严正告诫"任何想把中国共产党同中国人民分割开来、对立起来的企图就永远不会得逞"①。《决议》第七部分要求全党必须永远保持同人民群众的血肉联系，践行以人民为中心的发展思想，不断实现好、维护好、发展好最广大人民根本利益，团结带领全国各族人民不断为美好生活而奋斗。第三个历史决议始终紧扣"人民"，处处体现"人民"。

（四）坚持用历史分析法和阶级分析法评价历史和历史人物

全面辩证地看待历史，是马克思历史唯物主义的基本要求。在考察和认识历史时，必须看到人是特定历史条件的产物，个人活动受历史条件的制约。同时，在阶级社会里，历史人物都是一定阶级的代表，个人的活动最终都可以归结为阶级的活动。坚持运用历史分析法和阶级分析法评价历史和历史人物，充满了历史唯物主义的哲学辩证思想。

"对历史人物的评价，应该放在其所处时代和社会的历史条件下去分析，不能离开对历史条件、历史过程的全面认识和对历史规律的科学把握，不能忽略历史必然性和历史偶然性的关系。"② 第三个历史决议站在历史分析的高度，用历史分析法总结出党在百年奋斗中"十个坚持"的历史经验，"十个坚持"既来自中国特殊的社会历史条件，也可以为其他类似国家提供借鉴；既是中国共产党的百年奋斗历史的高度理论概括，也是被实践证明了对历史的科学总结。

中国共产党秉承马克思主义阶级分析法揭示历史和历史人物思想产生原因，为人们正确认识和科学评价重要历史和历史人物提供了重要指引。第三个历史决议站在马克思主义的阶级立场，坚决捍卫最广大人民的根本利益。党的百年历史改写了被剥削被压迫的中国人民的命运，实现了无产阶级的解放。中国共产党以鲜明的阶级立场，对人民饱含深情，高举"人

---

① 中共中央关于党的百年奋斗重大成就和历史经验的决议［N］. 人民日报，2021 – 11 – 17（1）.

② 习近平. 在纪念毛泽东同志诞辰 120 周年座谈会上的讲话［M］. 北京：人民出版社，2013：11.

民至上"的阶级旗帜。中国共产党没有自己的特殊利益，不允许党内形成利益集团，对腐败分子毫不手软，以壮士断腕的决心全面从严治党。中国共产党坚持建立最广泛的统一战线，团结海内外全体中华儿女，共同追求民族复兴。中国共产党站在整个人类社会发展的高度，维护世界和平，积极构建人类命运共同体，为书写人类文明新形态，为人的真正解放和全面自由发展开启新华章。

4.2.5　党的二十大报告体现的历史分析方法

党的十八大以来，中国特色社会主义进入新时代，习近平同志为核心的党中央团结带领全党全军全国各族人民以巨大的政治勇气、强烈的责任担当应对当前国际、国内各种风险与挑战，谱写了习近平新时代中国特色社会主义更加绚丽的篇章。党的二十大是在全党全国各族人民迈上全面建设社会主义现代化国家新征程、向第二个百年奋斗目标进军的关键时刻召开的一次十分重要的大会。党的二十大报告通篇体现了马克思主义历史分析方法。

（一）以大历史观的眼光看待党的伟大贡献

党用伟大奋斗创造了百年伟业，也一定能用新的伟大奋斗创造新的百年伟业。从党的一大到党的二十大，党走过了百年历程，"我们党的一百年，是矢志践行初心使命的一百年，是筚路蓝缕奠基立业的一百年，是创造辉煌开辟未来的一百年"[①]，中国共产党的成立是一件开天辟地的大事件，因为有了党的领导，中国革命焕然一新。在党的团结带领下，我们建立新中国，实现国家独立、人民解放，中国人民从此站了起来；实行改革开放，人民富裕起来；中国特色社会主义进入新时代，实现了从富起来到强起来的伟大飞跃。"我们党领导的革命、建设、改革伟大实践，是一个接续奋斗的历史过程，是一项救国、兴国、强国，进而实现中华民族伟大复兴的完整事业。"[②] 新时代的十年，党和国家事业取得历史性成就、发生

---

① 习近平．在党史学习教育动员大会上的讲话［M］．北京：人民出版社，2021：5.
② 习近平．论中国共产党历史［M］．北京：中央文献出版社，2021：58.

历史性变革，习近平同志指出：“新时代十年的伟大变革，在党史、新中国史、改革开放史、社会主义发展史、中华民族发展史上具有里程碑意义。”① 我们之所以能取得如此辉煌的成就，是因为有党的坚强领导。“今天，我们比历史上任何时期都更接近中华民族伟大复兴的目标，比历史上任何时期都更有信心、有能力实现这个目标。”②

（二）党成功推进和拓展了中国式现代化

新时代新征程，“从现在起，中国共产党的中心任务就是团结带领全国各族人民全面建成社会主义现代化强国、实现第二个百年奋斗目标，以中国式现代化全面推进中华民族伟大复兴。”③ 我们走的是一条与西方模式不同的现代化道路，我们走的是中国式的现代化发展道路。“中国式现代化，是中国共产党领导的社会主义现代化，既有各国现代化的共同特征，更有基于自己国情的中国特色。”④ 道路决定命运，一个国家、一个民族只有找到适合自己国情的发展道路，才能实现自己的发展目标。中国用几十年时间走完了发达国家几百年走过的发展历程，事实证明了中国式现代化是适合中国国情的，现代化道路不止一条路径和一个模式，打破了西方模式一统天下的局面，中国式现代化为人类实现现代化提供了新的选择。

（三）党进行自我革命，跳出历史周期律

“全面建设社会主义现代化国家、全面推进中华民族伟大复兴，关键在党。我们党作为世界上最大的马克思主义执政党，要始终赢得人民的拥护、巩固长期执政地位，必须时刻保持解决大党独有难题的清醒和坚定。”⑤ 一个政党是否能进行长期执政，跳出历史周期率，是关系到党和国家的前途命运、生死存亡的大事。中国封建社会的每个朝代都经历了治乱

① 习近平. 高举中国特色社会主义伟大旗帜　为全面建设社会主义现代化国家而团结奋斗：在中国共产党第二十次全国代表大会上的报告［EB/OL］. （2022 - 10 - 16）［2022 - 10 - 26］. http：//cpc. people. com. cn/n1/2022/1026/c64094 - 32551700. html.
② 习近平. 在庆祝中国共产党成立 95 周年大会上的讲话［J］. 求是，2016（8）.
③ 同①，第 21 页.
④ 同①，第 22 页.
⑤ 同①，第 63 页.

兴衰，最后被新政权替代，往复循环呈现周期性的现象。1945 年，黄炎培先生在延安曾问过毛泽东同志，中国共产党执政以后，能不能跳出历史上"其兴也勃焉，其亡也忽焉"的历史周期率。对此，毛泽东同志给予了肯定的回答，中国共产党依靠民主可以跳出历史周期率。只有让人民来监督政府，政府才不敢松懈。只有人人起来负责，才不会人亡政息。我们党找到了跳出历史周期率的第一个答案。新时代以习近平同志为核心的党中央制定和落实中央八项规定，以中央八项规定开局破题深入推进全面从严治党，打造自身能力过硬、风清气正的马克思主义执政党。我们持之以恒正风肃纪，与一切不利于党的执政和损害群众利益的思想和行为作斗争，开展史无前例的反腐败斗争。十年来，党坚持全面从严治党，勇于自我革命，解决了党内的许多突出问题。"经过不懈努力，党找到了自我革命这一跳出治乱兴衰历史周期率的第二个答案，自我净化、自我完善、自我革新、自我提高能力显著增强，管党治党宽松软状况得到根本扭转，风清气正党内政治生态不断形成，确保党永远不变质、不变色、不变味。"① 虽然党找到了跳出历史周期率的方法，但是我们党面临的"四大考验""四大危险"是长期存在的，因此，全面从严治党永远在路上，党的自我革命永远在路上，以党的自我革命引领社会革命，落实新时代党的建设总要求，确保党始终成为中国特色社会主义事业的坚强领导核心。

---

① 习近平. 高举中国特色社会主义伟大旗帜　为全面建设社会主义现代化国家而团结奋斗：在中国共产党第二十次全国代表大会上的报告［EB/OL］.（2022－10－16）［2022－10－26］. http：//cpc. people. cn/n1/2022/1026/c64094－32551700. html.

第五章 规律分析方法

5.1 马克思主义规律论

5.1.1 唯物辩证法的"三大规律"

事物的联系和发展是有规律的，规律就是事物联系和发展过程中固有的、本质的、必然的、稳定的联系。马克思主义是关于自然界、社会和人类思维发展一般规律的科学，马克思主义对人类思想史的突出贡献就是深刻揭示了人类社会发展如同自然界一样是存在客观规律的，提出了人类社会发展的自然性、历史性，及其相关规律，阐述了人的解放和自由全面发展的基本原理，得出了资本主义必然灭亡、共产主义必然胜利的一般规律。

唯物辩证法的基本规律主要有对立统一规律、量变质变规律和否定之否定规律。对立统一规律是唯物辩证法的实质和核心。对立统一规律揭示了事物普遍联系的根本内容和变化发展的内在动力，从根本上回答了事物为什么会发展的问题；量变质变规律体现了事物发展的渐进性和飞跃性的统一，主要回答了事物发展变化的过程状态；否定之否定规律呈现了事物发展的周期性，使事物的发展呈现波浪式前进或螺旋式上升的总趋势，最终回答了事物发展变化的总方向和总趋势。

规律是事物的内在联系、必然联系、本质联系，不是偶然的、外在的、表面的联系，因此，规律具有客观性、重复性、稳定性的特征。学习运用唯物辩证法的基本规律，就是要运用事物发展的客观规律认识问题、分析问题、解决问题，告诉大家要尊重规律、遵守规律，不要违背规律。我们按照客观事物的规律办事，坚持实事求是，一切从实际出发，善于运用规律分析的方法。

5.1.2 "两个必然"的科学论断

《共产党宣言》是关于人类社会发展规律的经典著作，它的最终目标是实现全人类的解放。马克思、恩格斯在《共产党宣言》中科学评价资产阶级的历史作用，系统深刻地分析了资本主义社会现实矛盾，阐述了无产阶级的历史使命，进而得出了资本主义必然灭亡、共产主义必然胜利的结论，即"两个必然"的科学论断。

"资产阶级的灭亡和无产阶级的胜利是同样不可避免的。"[①] 马克思、恩格斯也因此得出"两个必然"的科学论断，"两个必然"是人类社会发展的历史趋势。马克思、恩格斯通过对资本主义社会现状的考察和分析，深刻揭示了资本主义社会中生产的社会化和生产资料私人占有之间的矛盾，正是这一矛盾，使得资产阶级和无产阶级的对立和矛盾逐步激化，进而引起社会革命。马克思、恩格斯还论证了无产阶级作为资产阶级的掘墓人肩负的历史使命，"资产阶级不仅锻造了置自身于死地的武器；它还产生了将要运用这种武器的人——现代的工人，即无产者。"[②] 即无产阶级是实现"两个必然"的直接现实性力量。

马克思、恩格斯不仅注重研究不同时代的生产关系和经济基础，也密切关注阶级关系，善于把握生产关系不平等下隐藏的阶级对立的实质，并指出，资产阶级所创造的强大的社会生产力，为将来无产阶级推翻资产阶级的统治奠定了坚实的物质基础。马克思、恩格斯指出，无产阶级

---

① 中共中央 马克思 恩格斯 列宁 斯大林著作编译局. 马克思恩格斯选集：第 1 卷 ［M］. 北京：人民出版社，2012：413.

② 同①，第 406 页。

作为一个新生的阶级力量，在社会历史的前进中具有重要的地位和作用，进一步揭示出资本主义社会的发展规律以及资本主义社会未来的发展趋势。

人类社会发展的最终目标是实现人的全面而自由的发展，在《共产党宣言》中，马克思、恩格斯指出："代替那存在着阶级和阶级对立的资产阶级旧社会的，将是这样一个联合体，在那里，每个人的自由发展是一切人的自由发展的条件。"① 马克思、恩格斯一生都把人的全面而自由的发展作为最高的目标，一生都在为谋求人类的解放而奋斗。在分析资本主义制度的基础上，深入揭露资产阶级对无产阶级的残酷剥削和压迫，马克思、恩格斯通过大量的历史事实深刻剖析了资本主义社会，始终致力于人自由而全面的发展，将人自由而全面的发展作为奋斗的终极目标。

5.1.3 "两个绝不会"的思想认识

在《〈政治经济学批判〉序言》中，马克思明确交代了自己研究政治经济学的动因、经过及结论。正确理解《〈政治经济学批判〉序言》，对领会马克思关于人类社会发展规律的认识和把握至关重要。

马克思主义关于人类社会发展规律的经典表述："人们在自己生活的社会生产中发生一定的、必然的、不以他们的意志为转移的关系，即同他们的物质生产力的一定发展阶段相适合的生产关系。这些生产关系的总和构成社会的经济结构，即有法律的和政治的上层建筑竖立其上，并有一定的社会意识形式与之相适应的现实基础。物质生活的生产方式制约着整个社会生活、政治生活和精神生活的过程。不是人们的意识决定人们的存在，相反地，是人们的社会存在决定人们的意识。社会的物质生产力发展到一定阶段，便同它们一直在其中运动的现存生产关系或财产关系（这只是生产关系的法律用语）发生矛盾。于是这些关系便由生产力的发展形式变成生产力的桎梏。那时社会革命的时代就到来了。随着经济基础的变

---

① 中共中央 马克思 恩格斯 列宁 斯大林著作编译局. 马克思恩格斯选集：第1卷［M］. 北京：人民出版社，2012：422.

更，全部庞大的上层建筑也或快或慢地发生变革。"① 这深刻揭示了生产力与生产关系的矛盾运动规律和经济基础与上层建筑的矛盾运动规律。

在《〈政治经济学批判〉序言》中，马克思又提出了著名的"两个绝不会"论断，即"无论哪一个社会形态，在它所能容纳的全部生产力发挥出来以前，是决不会灭亡的；而新的更高的生产关系，在它的物质存在条件在旧社会的胎胞里成熟以前，是决不会出现的。"② "两个决不会"在这里的提出为"两个必然"奠定了时空基础。在1844年巴黎出版的《德法年鉴》上首先发表了著名的《黑格尔法哲学批判》导言中，科学地论证了不是国家决定市民社会，而是市民社会决定国家的科学论断，进而阐明了经济基础决定上层建筑的重要规律。这也让马克思下定决心研究政治经济学。在《〈政治经济学批判〉序言》中，马克思提出的"两个决不会"论断进一步揭示了人类社会的发展规律。"第一个绝不会"是指任何曾经存在的社会形态都是先进生产力的代表，在容纳它发展的各种条件没有丧失其作用前，绝不会退出历史舞台。他们都有自身存在的历史的和现实的合理性；"第二个决不会"是说历史是绝不会无序化或者跳跃式地去发展，新的、更为高级和先进的生产关系不会凭空出现。如社会生产资料所有制度或者是社会产品分配制度等，它们只能从现存的社会土壤中逐渐萌芽、发展壮大。在这个过程中，尽管新生力量代表了社会发展以及进步的前进方向，是新事物的代表，但是必须在和旧制度的斗争中才能生存下来，并逐步为新生事物的发展赢得生存权及合法性。新生事物取代旧事物不是一帆风顺的，道路是曲折的，但也必须坚信，前途是光明的。

马克思还揭示人类社会发展规律的客观性。他指出："人们自己创造自己的历史，但是他们并不是随心所欲地创造，并不是在他们自己选定的条件下创造，而是在直接碰到的、既定的、从过去承继下来的条件下创

---

① 中共中央 马克思 恩格斯 列宁 斯大林著作编译局. 马克思恩格斯文集：第2卷 [M]. 北京：人民出版社，2012：3.

② 中共中央 马克思 恩格斯 列宁 斯大林著作编译局. 马克思恩格斯选集：第1卷 [M]. 北京：人民出版社，2012：3.

造。"① 人们在创造自己历史的过程中，是要受到既有的生产力、生产关系等条件限制的。每一代人都是在前人基础上创造出新的生产力、生产关系，这样就形成了人类的历史。正如马克思指出："历史不外是各个世代的依次交替。每一代都利用以前各代遗留下来的材料、资金和生产力；由于这个缘故，每一代一方面在完全改变了的环境下继续从事所继承的活动，另一方面又通过完全改变了的活动来变更旧的环境。"② 这就构成了人类历史的连续性，人类社会发展规律的客观性是不以人的意志转移的。

总的来说，马克思、恩格斯科学揭示了人类社会以及资本主义社会的发展规律，这为我们对人类社会发展规律的继续探索和深化认识奠定了科学的基础。"两个必然"和"两个决不会"的科学论断内在逻辑是统一的，与生产力与生产关系的矛盾运动规律和经济基础与上层建筑的矛盾运动规律是一致的。

5.2　中国化马克思主义规律分析法

马克思主义中国化是一个长期思考和不断探索的过程，是马克思主义基本原理同中国具体实际、同中华优秀传统文化日益结合的过程。在马克思主义规律论的创新与发展上，中国共产党将马克思主义规律理论充分运用到无产阶级政党建设和社会主义建设中，在实践中丰富和发展了对马克思主义规律理论的认识和运用。

5.2.1　社会主义建设规律

新中国成立初期，党就带领人民探索社会主义建设，取得了许多成

---

① 中共中央 马克思 恩格斯 列宁 斯大林著作编译局. 马克思恩格斯文集：第 2 卷 [M]. 北京：人民出版社，2012：470 - 471.
② 中共中央 马克思 恩格斯 列宁 斯大林著作编译局. 马克思恩格斯文集：第 1 卷 [M]. 北京：人民出版社，2009：540.

果，深刻总结经验教训、准确把握时代特征，系统回答了什么是社会主义、怎样建设社会主义，实现什么样的发展，怎样发展等问题，深化了对社会主义建设规律的认识。

（一）社会主义建设规律的探索

经济文化落后国家如何建设社会主义是 20 世纪的"世纪性难题"，毛泽东同志为找到适合我国国情的社会主义现代化道路进行了艰辛的探索。

1. 关于社会主义经济建设

第一，揭示了社会主义社会的基本矛盾。1957 年毛泽东同志在《关于正确处理人民内部矛盾的问题》一文中指出："在社会主义社会中，基本的矛盾仍然是生产关系和生产力之间的矛盾，上层建筑和经济基础之间的矛盾。不过社会主义社会的这些矛盾，同旧社会的生产关系和生产力的矛盾、上层建筑和经济基础的矛盾，具有根本不同的性质和情况罢了。"① 关于社会主义社会基本矛盾运动的特点，毛泽东同志说："社会主义生产关系已经建立起来，它是和生产力的发展相适应的；但是，它还很不完善，这些不完善的方面和生产力的发展又是相矛盾的。除了生产关系和生产力发展的这种又相适应又相矛盾的情况以外，还有上层建筑和经济基础的又相适应又相矛盾的情况。"②

第二，指出了不同性质的矛盾。毛泽东同志指出了社会主义社会存在两类不同性质的矛盾，即敌我矛盾和人民内部矛盾。为了严格区分这两类不同性质的矛盾，毛泽东同志阐明了人民和敌人的界限，并指出："在现阶段，在建设社会主义的时期，一切赞成、拥护和参加社会主义建设事业的阶级、阶层和社会集团，都属于人民的范围；一切反抗社会主义革命和敌视、破坏社会主义建设的社会势力和社会集团，都是人民的敌人。"③ 对于敌我矛盾用专政的方法去解决，对于人民内部的矛盾用民主的方法去

---

① 中共中央文献研究室. 毛泽东文集：第 7 卷 [M]. 北京：人民出版社，1999：214.
② 同①，第 215 页。
③ 同①，第 205 页。

解决。

第三，提出了社会主义发展阶段。毛泽东在读苏联《政治经济学（教科书)》的谈话中认为，社会主义这个阶段还可以分为两个阶段，第一个阶段是不发达的社会主义，第二个阶段是比较发达的社会主义，后一阶段可能比前一阶段需要更长的时间。经过后一阶段，到了物质产品、精神财富都极为丰富和人们的共产主义觉悟极大提高的时候，就可以进入共产主义社会了。这一思想丰富和发展了马克思、列宁的社会主义发展阶段理论，它虽然还没有形成完整的社会主义初级阶段的理论，却是社会主义初级阶段理论的直接思想来源之一。

第四，开辟工业化的道路。要改变落后面貌，建设成为强大的社会主义国家，必须走工业化道路。在1955年的全党代表会议上，毛泽东同志指出："我们进入这样一个时期，我们现在要钻研社会主义工业化，研究社会主义工业化，钻研原子能这样一类的工作。"鉴于苏联工业化进程中片面追求重工业发展，忽视了农业、轻工业，致使生活日用品短缺、粮食供应紧张、物价上涨，严重制约了经济增长，影响了社会的安定，毛泽东同志在《论十大关系》中提出了正确处理重工业同轻工业、农业的关系的思想，他指出："重工业是我国建设的重点，必须优先发展生产资料的生产，这是已经定了的。但是决不可以因此忽视生活资料尤其是粮食的生产。如果没有足够的粮食和其他生活必需品，首先就不能养活工人，还谈什么发展重工业？所以，重工业和轻工业、农业的关系，必须处理好。"毛泽东同志找到的一条有别于苏联的"中国式的"工业化道路。毛泽东同志在《关于正确处理人民内部矛盾的问题》一文中进一步指出："这里所讲的工业化道路的问题，主要是指重工业、轻工业和农业的发展关系问题。我国的经济建设是以重工业为中心，这一点必须肯定。但是同时必须充分注意发展农业和轻工业。"这是因为我国是一个大农业国，农村人口占全国人口的80%以上，发展工业必须和发展农业同时并举，工业才有原料和市场，才有可能为建立强大的重工业积累较多的资金后来，毛泽东同志提出的按农、轻、重顺序安排国民经济的方针，以及以农业为基础，以工业为主导的发展国民经济的方针，就是实现中国工业化道路的具体指导方针。

它是建设社会主义必须走自己的路这一思想最突出的表现。

第五，基本实现现代化的思想。毛泽东同志在 1954 年中央人民政府委员会第 30 次会议上提出："我们是一个六亿人口的大国，要实现社会主义工业化，要实现农业的社会主义化、机械化，要建成一个伟大的社会主义国家，究竟需要多少时间？……我看，我们要建成一个伟大的社会主义国家，大概经过五十年即十个五年计划，就差不多了，就像个样子了，就同现在大不一样了。"① 20 世纪 60 年代初期，毛泽东同志对社会主义现代化建设的长期性和艰巨性进行了重新思考，提出："在我国，要建设起强大的社会主义经济，我估计要花一百多年。"② 在这一时期，毛泽东同志关于分两步走，用一百年时间，基本实现四个现代化的战略正式形成。

2. 关于社会主义民主政治建设

坚持社会主义就必须发扬社会主义民主。1954 年毛泽东同志在主持制定新中国第一部宪法时指出，我们的宪法原则有两个"民主原则和社会主义原则"。毛泽东同志对中国共产党领导的民主政治建设历来十分关注，在《论十大关系》中，他提出，民主党派与共产党的关系应当是"长期共存，互相监督"；在《关于正确处理人民内部矛盾的问题》中，又提出要用民主的方法解决人民内部的矛盾，并列举了一系列具体的方法。

3. 关于社会主义科学文化事业

在新中国成立之初，毛泽东同志就科学地预见到，随着经济建设高潮的到来，不可避免地将出现一个文化建设的高潮。此后，他始终把建设一个具有高度科学文明的国家作为奋斗目标之一。1953 年，他就曾提出技术革命的问题，1956 年，他又号召全党努力学习科学知识，同党外知识分子团结一致，为迅速赶上世界科学先进水平而奋斗。与此同时，毛泽东同志还十分关注中国的文学艺术、体育、卫生等文化事业的发展，提出了"百花齐放，百家争鸣"的方针，认为这是促进艺术发展和科学进步的方针，是促进我国社会主义文化繁荣的方针。实际上，毛泽东同志不仅把"百花

---

① 中共中央文献研究室. 毛泽东文集：第 6 卷 ［M］. 北京：人民出版社，1999：329.
② 中共中央文献研究室. 毛泽东文集：第 8 卷 ［M］. 北京：人民出版社，1999：301.

齐放，百家争鸣"作为一种方针，更重要的是把它看作中国现代文化建设的规律提出，要以马克思主义为指导，反对资产阶级的意识形态，这就从更高层次上推动了社会主义现代化事业的迅速发展。

（二）社会主义建设规律的突破与飞跃

党的十一届三中全会后，以邓小平同志为核心的党中央对社会主义建设客观规律的认识实现了一系列突破和飞跃，使党对社会主义建设客观规律的认识发展到较为完整、系统的阶段。

第一，以经济建设为中心，把发展作为社会主义建设的第一要务。加快发展是解决中国所有问题的关键，要排除各种干扰，坚持以经济建设为中心不动摇。以经济建设为中心是兴国之要，是我们党和国家兴旺发达、长治久安的根本要求。能否坚持以经济建设为中心，是关系到我国社会主义现代化的成败、关系到社会主义的前途和命运的大问题。如果经济建设这个中心发生动摇，整个基本路线就会被动摇。

第二，顺应社会主义建设的要求，不断改革和创新。改革是推动社会发展的根本动力。创新是社会发展和进步的前提。改革在经济体制方面要正确处理市场导向与宏观调控的关系，由于市场的自发性、盲目性和滞后性，我们必须加强宏观调控，运用经济、法律和必要的行政手段，引导经济健康运行，同时要处理好改革力度与社会承受力的关系。要使改革的力度、发展的速度和社会可承受的程度统一起来。

第三，解放生产力，发展生产力，消灭剥削，消除两极分化，最终达到共同富裕。社会主义的本质既体现了社会主义生产力发展水平的内在要求，又体现了为广大人民谋利益的价值取向，标志着邓小平同志对社会主义的认识达到了新的境界。邓小平同志在弄清楚社会主义本质的基础上，进一步探索社会主义建设规律中有关社会主要矛盾、根本任务问题；社会主义初级阶段问题；一部分地区、一部分人先富起来的构想以及经济发展战略"三步走"问题等。

第四，社会主义经济、政治、文化建设协调发展。经济、政治、文化全面协调发展是社会全面发展进步的标志。邓小平同志在经济建设和政治建设方面提出了许多论断，在精神文明建设方面也多有论述。如两手抓，两手都要硬；经济市场化、政治民主化、文化多样化是社会主义建设的必然选择等。

第五，以人为本，最大限度地满足人的全面需求。发展生产力是手段，满足人的需求才是目的。人的一切社会活动都是由人的需求产生的，需求的满足即一切社会活动的目的。邓小平同志明确指出："我们的生产力发展水平很低，远远不能满足人民和国家的需要，这就是我们目前时期的主要矛盾，解决这个主要矛盾就是我们的中心任务。"发展生产力往往同满足人民的物质文化需求联系在一起。如1978年9月讲的"社会主义制度优越性的根本表现，就是能够允许社会生产力以旧社会所没有的速度迅速发展，使人民不断增长的物质文化生活需要能够逐步得到满足"的论断，1992年南方谈话中讲的"三个有利于"的标准，都蕴含着以人为本，最大限度地满足人民的需求的思想。

（三）社会主义建设规律的深化与发展

"三个代表"重要思想和科学发展观揭示了社会主义的本质和建设规律，科学分析了社会主义的基本矛盾和主要矛盾，系统阐述了社会主义政治、经济、文化的发展规律。

1. 深化了对社会主义经济建设规律的认识

第一，我们党要始终代表先进生产力的发展要求。这是在新的历史条件下，对马克思主义的丰富和发展。社会的进步归根结底表现为生产力的不断发展，正如江泽民同志指出："人类社会的发展，就是先进生产力不断取代落后生产力的历史进程。"[1] 一部人类社会发展史，归根结底就是生产力的发展史，是先进生产力代替落后生产力的历史。我们党要始终代表我国先进生产力的发展要求，就必须牢牢把握全球化和当代科学技术发展的客观趋势，继续深化经济体制改革，努力实现我国生产力的跨越式发展。

---

① 江泽民. 论"三个代表"［M］. 北京：中央文献出版社，2001：155.

第二，提出经济建设的基本方针。江泽民同志在党的十四届五中全会上提出了"抓住机遇、深化改革、扩大开放、促进发展、保持稳定"的二十字方针。党中央认为"二十字方针"是当前和今后一个时期指导全党全国工作的方针。它充分体现了党的基本路线的要求，反映了第三代领导集体对社会主义现代化建设客观规律的认识，为正确处理改革、发展、稳定的关系提供了基本依据。发展是目的、是硬道理，改革是发展的强大动力，稳定是发展、改革的必要前提和保证，坚持三者的统一才能统揽全局。

第三，提出经济建设"新三步走"战略。以江泽民同志为核心的党中央在党的十五大上对"第三步"战略构想做了进一步细化和完善，提出了可称为"新三步走"的战略构想，即到 2010 年时，"实现国民生产总值比 2000 年翻一番，使人民的小康生活更加宽裕，形成比较完善的社会主义市场经济体制；再经过十年的努力，到建党一百年时，使国民经济更加发展，各项制度更加完善；到世纪中叶建国一百年时，基本实现现代化，建成富强民主文明的社会主义国家"①。这种细化和完善，使原来的"第三步"发展目标更加具体明确和丰富，更易于操作。更为重要的是，党中央提出了为实现奋斗目标而必须实行的两个具有全局意义的根本转变：在经济体制上，必须从传统的计划经济体制向社会主义市场经济体制转变；在经济增长方式上，必须从粗放型向集约型转变。

第四，科学发展观的提出。以胡锦涛同志为核心的党中央，紧紧抓住实现什么样的发展、怎样发展这个基本问题，深刻分析和把握时代特征，创造性地提出了科学发展观，明确了中国特色社会主义的发展目标、发展要求、发展方略。党的十七大强调，科学发展观的第一要义是发展，核心是以人为本，基本要求是全面协调可持续，根本方法是统筹兼顾。全面提升了中国特色社会主义理论体系在发展问题上的理论高度，更加突出了人在社会发展中的主体地位和促进人的全面发展这一根本目的。与此相适应，中国特色社会主义事业总体布局也由"三位一体"发展为经济建设、

---

① 中共中央文献研究室.十五大以来重要文献选编：上［M］.北京：人民出版社，2000：4.

政治建设、文化建设、社会建设"四位一体",社会主义现代化建设目标也增加为"富强、民主、文明、和谐"。党的十七届五中全会进一步深刻指出,在当代中国,坚持发展是硬道理的本质要求,就是坚持科学发展。在"十二五"规划纲要中,这"四位一体"的总体布局,又具体化为经济社会发展各方面的内容。提出要以科学发展为主题,以加快转变经济发展方式为主线。在庆祝中国共产党成立90周年大会上,胡锦涛同志进一步论述了"四位一体"总体布局的内涵,大大深化了党对社会主义建设规律的认识,大大提高了遵循社会主义建设规律的自觉性。

2. 深化了对社会主义政治建设规律的认识

社会主义政治建设关键是要积极稳妥地推进政治体制改革,发展社会主义民主政治,建设社会主义政治文明,扩大人民的政治参与度。

第一,政治建设的目标是发展社会主义民主政治,建设社会主义政治文明。江泽民同志在党的十五大报告指出:"社会主义愈发展,民主也愈发展。我们要在实践中积极探索规律,不断推进有中国特色社会主义民主政治的发展,使它在二十一世纪展现出更加蓬勃的生命力。"[①] 我们要发展社会主义民主政治,必须进行制度创新。实现社会主义民主政治的制度化、规范化、程序化。我们要从我国国情出发,坚定不移地走自己的政治发展道路,坚持社会主义政治制度的自我完善和发展。

第二,社会主义政治建设要做到党的领导、人民当家作主与依法治国相统一。党的十五大提出要把坚持党的领导、发扬人民民主和依法办事统一起来。这种统一是通过党领导人民制定宪法和法律,并在宪法和法律范围内活动实现的。1998年7月17日,江泽民同志在一次讲话中进一步指出,推进社会主义民主政治建设,必须处理好党的领导、发扬民主、依法办事的关系。党的领导是关键,发扬民主是基础,依法办事是保证,决不能把三者割裂开来、对立起来。政治体制改革必须在党的领导下,有步骤、有秩序地进行。以为发扬民主、强调法治就不需要党的领导,这是错

---

① 中共中央文献研究室. 十五大以来重要文献选编:上 [M]. 北京:人民出版社,2000:35.

误的。同时，各级党委要学会在宪法和法律的范围内加强和改善党的领导。①

2002 年 5 月 31 日在中央党校的讲话中，江泽民同志更进一步指出，党的领导、人民当家作主和依法治国的统一性，是社会主义民主政治的重要优势。发展社会主义民主政治，最根本的是要坚持党的领导、人民当家作主和依法治国的有机结合和辩证统一。只有把党的领导、人民当家作主和依法治国有机统一的民主政治，才是中国特色的社会主义的民主政治。

第三，坚持依法治国与以德治国的统一。"法治"与"德治"相结合是对我们党领导人民治理国家的基本方略的完整概括，是对马克思主义国家学说的新贡献，标志着我们党的治国方略进一步趋于完善。以江泽民同志为核心的党的第三代领导集体在领导人民治理国家过程中大胆探索和实践，形成了依法治国与以德治国相统一的治国方略。2001 年 1 月，江泽民同志在全国宣传部部长会议上的讲话中指出："我们在建设有中国特色社会主义，发展社会主义市场经济的过程中，要坚持不懈地加强社会主义法制建设，依法治国，同时也要坚持不懈地加强社会主义道德建设，以德治国。对一个国家的治理来说，法治和德治，从来都是相辅相成、相互促进的。二者缺一不可，也不可偏废。法治属于政治建设、属于政治文明，德治属于思想建设、属于精神文明。二者范畴不同，但其地位和功能都是非常重要的。我们要把法制建设与道德建设紧密结合起来，把依法治国与以德治国紧密结合起来。"②

3. 深化了对社会主义文化建设规律的认识

"三个代表"重要思想关于"始终代表中国先进文化的前进方向"的论断为我国的文化建设明确了方向。特别是 2002 年 5 月 31 日江泽民同志在中央党校的重要讲话中明确提出"要坚持先进文化的前进方向""用'三个代表'统领社会主义文化建设"的观点，是对社会主义文化建设规

---

① 中共中央文献研究室. 十五大以来重要文献选编：上 [M]. 北京：人民出版社，2000：489－490.

② 江泽民. 江泽民文选：第三卷 [M]. 北京：人民出版社，2006：200.

律的新发展。所谓先进文化，是指符合人类社会发展的趋势、能够促进社会生产力发展、有益于人们身心健康的文化。在当代中国，发展先进文化就是发展中国特色社会主义文化，就是建设社会主义精神文明。

对于怎样发展我国的先进文化，江泽民同志做了大量丰富的论述。要坚持和巩固马克思主义的指导地位，用邓小平理论武装全党、教育人民；要努力提高全民族的思想道德素质和教育科学文化水平；要坚持为人民服务、为社会主义服务的方向和百花齐放、百家争鸣的方针，重在建设，繁荣学术和文艺；要努力掌握和发展各种现代传播手段，积极推动先进文化的传播；必须继承和发扬一切优秀的文化等。

5.2.2　人类社会发展规律

近代以来，一代又一代的中国共产党人在马克思主义的科学指导下，深刻把握人类社会发展规律，以及中国社会发展规律，在革命、建设和改革的不同历史时期带领中国人民实现了从"站起来""富起来"到"强起来"的伟大飞跃。

在第一次国内革命战争时期，毛泽东同志在《新民主主义理论》《论联合政府》等名篇中，科学地把握和论述了我国各个阶级在社会中的地位和作用，详细论述了武装斗争、统一战线等基本规律，创立了新民主主义革命理论。在土地革命战争时期，农村包围城市、武装夺取政权等科学论断得以产生，中国共产党探索出了适合中国革命的道路。毛泽东同志的《矛盾论》《实践论》等文章，科学地揭示了当时社会的主要矛盾，尤其是人民内部矛盾，并阐述了如何正确处理人民内部矛盾。在社会主义建设时期，以毛泽东同志为代表的中国共产党人依据社会发展形势的变化，提出了社会主义改造、人民民主专政的理论，这为我国社会主义民主的发展和社会主义制度的建立打下了坚实的制度基础。

在马克思主义与我国的具体实际实现的第一次结合中，中国共产党领导中国人民深刻把握人类社会发展的一般规律和我国社会发展的特殊规律，实现了"站起来"这一历史任务。

改革开放以来，中国共产党人将马克思主义基本原理和改革开放的具体实际相结合，迎来了改革开放新时期。

以邓小平同志为核心的党中央在深刻认识人类社会发展规律的基础上，顺应时代潮流，准确把握和平与发展的时代主题，倡导打开国门，积极吸引外资，吸收、借鉴外国一切有益我国发展的经验，不断增强我国经济发展活力。同时，提出建立社会主义市场经济的理论，进一步阐明社会主义的本质，运用马克思主义基本原理指导改革开放的实践，进一步推进马克思主义中国化的发展，带领中国人民探索中国特色社会主义道路。在改革开放的伟大实践中科学把握人类社会发展的一般规律，坚定不移地走社会主义道路，为无产阶级解放全人类奠定了基础。

在邓小平理论的科学指导下，面对改革开放的时代洪流，中国共产党人带领中国人民真正开启了走向"富起来"的伟大征程，这是在改革开放的实践中科学把握人类社会发展规律和中国特色社会主义建设规律的成功典范。

21 世纪初，面对日新月异的世界形势，中国共产党人提出了"三个代表"重要思想和科学发展观，为继续科学把握人类社会发展规律提供了科学理论。

在这一新的阶段，结合时代和中国发展大势，江泽民同志回答时代课题的最重要的理论成果就是提出了"三个代表"重要思想。这一思想回答了"怎样建设党，建设什么样的党"这一重大的理论问题和现实问题。这是在改革开放新时期和现代化建设时期结合我国具体实际提出的符合我国社会发展的新论断，它体现了中国共产党人在探寻发展规律上与时俱进，同时也体现了中国共产党人的睿智和远见。改革开放以来，中国共产党人又一理论创新就是科学发展观。在深入探索中国特色社会主义实践的进程中，在总结以往经验的基础上，科学发展观成为探索人类社会发展规律和中国特色社会主义建设规律的必然结果，这一新思想明确回答了"实现什么样的发展，怎样发展"这一关乎人类发展事业的时代课题，在前人的基础上再一次实现了指导思想与时俱进的发展，在世界面临新挑战、新问题的时代背景下，与时俱进地观照人类社会发展方式，为我国经济社会发展提供了新的参照和理论指导，充分证明了中国共产党人对人类社会发展规

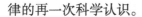

律的再一次科学认识。

可以说，自马克思主义传播到中国之后，一代又一代的中国共产党人结合我国不同历史时期具体发展的实际，积极探索推动我国发展和世界社会主义发展的新征程，形成的科学理论体系为人类社会发展提供了借鉴和启示。

5.3 新时代规律分析方法

习近平新时代中国特色社会主义思想围绕新时代坚持和发展什么样的中国特色社会主义、怎样坚持和发展中国特色社会主义这一重大时代课题，进行艰辛理论探索，以全新的视野深化对共产党执政规律、社会主义建设规律、人类社会发展规律的认识。

5.3.1 推进党的建设新的伟大工程

党的十八大以来，以习近平同志为核心的党中央提出，新时代要坚决维护党中央权威和集中统一领导，要坚持和加强党的全面领导，把推动全面从严治党作为坚持和加强党的全面领导的实现路径。

（一）坚决维护党中央权威和集中统一领导

民主集中制是党的根本组织制度和领导制度，新时代提出要坚决维护党中央权威和集中统一领导，这是对马克思、恩格斯权威思想以及列宁民主集中制原则的继承和发展。习近平同志关于这一命题的创新论述，把维护党中央权威和集中统一领导提升到前所未有的政治高度。他认为，维护党中央权威和集中统一领导是党的政治建设的首要任务，是坚持党的领导的最高原则，是加强和规范党内政治生活的重要目的，是牢固树立"四个意识"的重要体现。

1. 维护党中央权威和集中统一领导，同坚持民主集中制是完全一致的

维护党中央权威和集中统一领导离不开完善的民主集中制。民主集中制是列宁在领导俄共探索共产党执政规律过程中总结出的组织原则，是马克思主义政党区别于其他政党的重要标志。"党始终强调，治国必先治党。"① 治党的关键在于如何处理好专政与民主之间的关系，即既要维护好党中央权威和集中统一领导，聚精会神抓好党的建设，又要坚持好民主集中制，充分发扬党内民主、实现党内政治生活正常化。党的二十大报告更是将健全党的领导与"以宪章为根本，以民主集中制为核心"共同作为完善党的自我革命制度规范体系中的重要环节。由此可见，维护党中央权威和集中统一领导不与坚持民主集中制矛盾，相反，民主集中制可以激发党的创造力，保证党的团结统一，为进一步实现和维护党中央权威提供保障。

2. 维护党中央权威和集中统一领导，需要全党严守政治纪律和政治规矩

新时代中国共产党突出强调党的政治纪律和政治规矩对于维护党中央权威和集中统一领导的极端重要性。习近平同志把党的规矩定义为全体党员和党的各级组织必须遵守的行为规范和规则，把党的纪律定义为一种刚性约束，明确指出，在所有的纪律中政治纪律最为根本。面对如何坚持和加强党中央集中统一领导，党的二十大报告深刻指出："完善党中央决策议事协调机构，加强党中央对重大工作的集中统一领导。加强党的政治建设，严明政治纪律和政治规矩，落实各级党委（党组）主体责任，提高各级党组织和党员干部政治判断力、政治领悟力、政治执行力。"② 维护党中央权威和集中统一领导，是严明党的政治纪律和政治规矩的最终归宿和价

---

① 中共中央关于党的百年奋斗重大成就和历史经验的决议 [M]. 北京：人民出版社，2021：21.

② 习近平. 高举中国特色社会主义伟大旗帜 为全面建设社会主义现代化国家而团结奋斗：在中国共产党第二十次全国代表大会上的报告 [EB/OL]. (2022 - 10 - 16) [2022 - 10 - 26]. http: //cpc. people. com. cn/n1/2022/1026/c64094 - 32551700. html.

值追求。在复杂的新形势面前，确保全党统一意志、统一行动、步调一致，离不开党的政治纪律和政治规矩对全党的约束。在严明党的政治纪律和政治规矩这一问题上，习近平同志对全体党员和领导干部提出了"五个必须"的具体要求，全体党员和领导干部必须在重大问题上同党中央保持高度一致，不能走偏了、走岔了，不得同党中央的精神指示相悖，不能在贯彻执行党中央的要求和决策部署上打折扣。

3. 完善坚定维护党中央权威和集中统一领导的各项制度

党的二十大报告阐明了坚持和加强党的全面领导的重要性，"坚决维护党中央权威和集中统一领导，把党的领导落实到党和国家事业各领域各方面各环节，使党始终成为风雨来袭时全体人民最可靠的主心骨，确保我国社会主义现代化建设正确方向，确保拥有团结奋斗的强大政治凝聚力、发展自信心，集聚起万众一心、共克时艰的磅礴力量。"[①] 习近平同志在深入探索执政规律的进程中，明确了维护党中央权威和集中统一领导的重点工作。党的十九届四中全会明确指出，要"坚持和完善党的领导制度体系"[②]，并把完善坚定维护党中央权威和集中统一领导的各项制度列为党的制度体系建设的重要方面。新时代中国共产党不断强化制度思维，从制度建设的高度出发，指明了维护党中央权威和集中统一领导的正确路径。

党的十八大以来，党和国家事业之所以能够取得历史性成就，归根结底是因为全党坚决维护习近平同志党中央的核心、全党的核心地位，坚决维护党中央的权威和集中统一领导。"两个维护"是当代中国共产党的政治创新，所以必须要在制度设计中体现"两个维护"的原则要求。鉴于此，新修订的《中国共产党纪律处分条例》把"两个维护"写入党内法规，并上升为党的政治纪律，要求全体党员，尤其是党的领导干部身体力行，不走偏地执行这一要求。党内法规作为一种特殊的制度规定，对全党

---

① 习近平. 高举中国特色社会主义伟大旗帜　为全面建设社会主义现代化国家而团结奋斗：在中国共产党第二十次全国代表大会上的报告［EB/OL］.（2022 - 10 - 16）［2022 - 10 - 26］. ht- tp：//cpc. people. com. cn/n1/2022/1026/c64094 - 32551700. html.

② 中共中央坚持和完善中国特色社会主义制度推进国家治理体系和治理能力现代化若干重大问题的决定［N］. 人民日报，2019 - 11 - 06.

具有震慑和约束作用，充分体现了当代中国共产党对"两个维护"的重视。

（二）坚持和加强党的全面领导

党的十九大报告提出，新时代党的建设的根本目的和原则是坚持和加强党的全面领导。"坚持和加强党的全面领导"的提出，彰显了新时代中国共产党对执政地位和执政能力的高度自信。从"坚持党的领导"到"坚持党的全面领导"的话语转换，意义深远。新时代中国共产党认为，坚持党的全面领导必须坚持党对一切工作的领导，应以推动全面从严治党向纵深发展为根本保障。党的全面领导是全方位的，党的二十大报告明确指出："党的领导是全面的、系统的、整体的，必须全面、系统、整体加以落实。"①

1. 坚持党对一切工作的领导

从党的全面领导的范围来看，当代中国共产党强调坚持党对一切工作的领导。一个时期以来，党内出现了党的领导被忽视、淡化、弱化的现象，所以，党从现实问题出发，提出"党是领导一切的"②这一重要政治命题。在这里，党领导一切意味着把坚持党的领导贯穿和落实到各领域、各方面、各环节。当代中国共产党在探索执政规律的过程中，对在一些重要领域坚持党的领导进行了更加具体化、明晰化阐述，形成了"坚持党对一切工作的领导"的完整理论体系。

"坚持党对一切工作的领导"包含六个方面。一是强调党对政权的领导；二是强调党对经济工作的领导；三是强调党要牢牢掌握意识形态工作的领导权；四是强调党对群团组织的领导；五是强调党对全面依法治国的领导；六是突出党对统战工作的领导。此外，当代中国共产党还立足中国的现实特色，强调党对"三农"工作、对外交工作、对国有企业、对军队

---

① 习近平. 高举中国特色社会主义伟大旗帜 为全面建设社会主义现代化国家而团结奋斗：在中国共产党第二十次全国代表大会上的报告［EB/OL］.（2022－10－16）［2022－10－26］. http://cpc. people. com. cn/n1/2022/1026/c64094－32551700. html.

② 习近平. 习近平关于社会主义政治建设论述摘编［M］. 北京：中央文献出版社，2017：30.

等的领导权。通过加强党的全面领导，使国家政治、经济、文化、社会、生态文明建设和发展形成一个有机的统一整体，相互配合、互为促进。由此可以说，党的全面领导体现为党对中国特色社会主义领导的全覆盖。但中国共产党强调的全面领导并不是以党代政，党包办一切，党主要起的是总揽全局、协调各方的作用。我们可以相信："只要我们坚持党的全面领导不动摇，坚决维护党的核心和党中央权威，充分发挥党的领导政治优势，把党的领导落实到党和国家事业各领域、各方面、各环节，就一定能够确保全党全军全国各族人民团结一致向前进。"①

2. 推动全面从严治党纵深发展

坚持党的全面领导必须以推动全面从严治党向纵深发展为根本保障。也就是说，全面从严治党的价值旨归是加强党的全面领导。在世情、国情、党情的深刻变化中，我们党要完成新时代赋予的使命，巩固党的领导核心地位，就必须全面从严治党。

第一，从政治上抓好全面从严治党，维护党中央权威和集中统一领导。形成坚强有力的领导核心，进而加强党的全面领导，要求从政治上抓好全面从严治党，严肃党的政治纪律和政治规矩，净化党内政治生态。因此，全党必须增强"四个意识"，在讲政治、顾大局、守规矩上做好表率。既强调了增强"四个意识"的现实必要性和紧迫性，又阐明了增强"四个意识"对于形成坚强领导核心，进而加强党的全面领导的重要意义。

第二，以伟大自我革命引领社会革命。党的二十大深刻指出："经过不懈努力，党找到了自我革命这一跳出治乱兴衰历史周期率的第二个答案。"②中国共产党作为世界上最大的执政党，如何长期保障党内自我净化、自我完善、自我革新、自我提高的能力，是一个政党，乃至世界各国政党都需要思考的难题。党的自我革命精神便是我党确保永远不变质、不变色、不

---

① 中共中央关于党的百年奋斗重大成就和历史经验的决议［M］. 北京：人民出版社，2021：65.

② 习近平. 高举中国特色社会主义伟大旗帜 为全面建设社会主义现代化国家而团结奋斗：在中国共产党第二十次全国代表大会上的报告［EB/OL］.（2022 - 10 - 16）［2022 - 10 - 26］. http：//cpc. people. com. cn/n1/2022/1026/c64094 - 32551700. html.

变味的重要法宝，只有勇于自我革命，才能赢得历史主动，才能肩负起历史担当，才能践行历史与人民赋予的责任。打铁必须自身硬，我党深刻认识到腐败是危害党的生命力和战斗力的最大毒瘤，反腐败是最彻底的自我革命。党的十八大以来，党和国家反腐败斗争成果显著，党和人民对"巨腐""微腐"都是零容忍。不仅如此，我们党还致力于完善党的自我革命制度规范体系，推进政治监督具体化、精准化、常态化，以伟大自我革命引领社会革命，为全面建设社会主义现代化国家、全面推进中华民族伟大复兴添砖加瓦。

第三，以作风建设为抓手，密切同人民群众的血肉联系。作风建设关系人心向背，决定党的生死存亡。新时代党内的不良作风依旧存在，如果不注重作风建设，任由不正之风侵蚀党的健康肌体，所以，面对党内出现的不正之风，必须加强党的作风建设，密切同群众的血肉联系，厚植党的全面领导的合法性基础。在加强党的作风建设这一重要问题上，当代中国共产党巧用批评与自我批评这一关键利器，要求领导干部带头作表率，在党内营造批评与自我批评的良好风气，真正把党内脱离群众的问题，尤其是"四风"问题的顽症清除。在批评与自我批评的基础上，党中央注重查找问题产生的深层次原因，从建设常态化体制、机制上下功夫来抑制不正之风。习近平同志指出，作风建设要不间断抓，形成长效机制，这样才能抓铁有痕、踏石留印。作风问题解决了，党才能站稳人民立场，拥有全面领导不竭的力量源泉。

第四，以零容忍的态度惩治腐败问题，扫清全面领导的障碍。腐败问题之所以是加强党的全面领导的最主要障碍，是因为这是群众最深恶痛绝、反映最强烈的问题，严重损害干群关系，会使党的全面领导成为水月镜花。党的十八大以来，我国反腐倡廉取得显著成效。在腐败问题面前，党中央从不同维度建设了惩治和预防腐败的完整体系，立法、立规更加完善，监督体系更加健全，宣传教育和文化建设更加常态。但仍有一些党员干部，甚至是高级干部守不住政治底线，禁不住诱惑，严重违纪、违法。新时代反腐斗争呈现更加突出的严峻性和复杂性特点，对我们党提出了更高要求。巩固反腐败斗争压倒性胜利，需始终秉持零容忍的态度，深化标

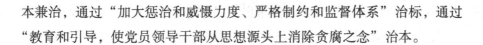

本兼治，通过"加大惩治和威慑力度、严格制约和监督体系"治标，通过"教育和引导，使党员领导干部从思想源头上消除贪腐之念"治本。

5.3.2 把握社会主要矛盾的新转变

党的十八大以来，习近平同志多次论及中国特色社会主义建设规律问题。将对规律的认识、遵循和运用置于国家治理现代化的核心地位，是习近平同志治国理政的显著特征。正是这种以规律引导发展、以规律促进发展的理念和做法，保证了中国在复杂多变的国际国内局势中能够保持坚如磐石的战略定力，并开辟了中国特色社会主义新境界。

（一）深化了对中国特色社会主义规律的认识

党的十八大以来，党中央深刻把握和遵循中国特色社会主义规律，在更加明确地提出坚持和发展中国特色社会主义总任务的同时，提出全面建成小康社会的目标和任务，即"从党的十九大到党的二十大，是'两个一百年'奋斗目标的历史交汇期。我们既要全面建成小康社会、实现第一个百年奋斗目标，又要乘势而上开启全面建设社会主义现代化国家新征程。向第二个百年奋斗目标进军"[①]。"两步走"的第一个阶段是从 2020 年到 2035 年。在全面建成小康社会的基础上，再奋斗 15 年，基本实现社会主义现代化，第二个阶段是从 2035 年到 21 世纪中叶；在基本实现现代化的基础上，再奋斗 15 年。把我国建成富强民主文明和谐美丽的社会主义现代化强国。这是鼓舞人心的奋斗目标，也影响世界的发展方向。中国特色社会主义进入新时代，党团结带领人民完成了脱贫攻坚、全面建成小康社会的历史任务，实现第一个百年奋斗目标，昂首阔步地向着第二个百年奋斗目标进发。

（二）深化了对新时代社会主要矛盾的认识

党的十八大以来，人民群众的需要已经从基本的物质文化需要发展成为多样化、多层次、多方面的需要，从相对单一的经济需要发展成为多元

---

① 习近平. 决胜全面建成小康社会夺取新时代中国特色社会主义伟大胜利：在中国共产党第十九次全国代表大会上的报告［N］. 人民日报，2017 – 10 – 28.

化的综合需要。党的十九大报告指出，"我国稳定解决了十几亿人的温饱问题，总体上实现小康，不久将全面建成小康社会，人民美好生活需要日益广泛。不仅对物质文化生活提出了更高要求，而且在民主、法治、公平、正义、安全、环境等方面的要求日益增长。"① 正是根据人民群众需要变化的规律，党的十九大报告强调，中国特色社会主义进入新时代，我国社会主要矛盾已经转化为人民日益增长的美好生活需要和不平衡不充分的发展之间的矛盾。这样一个重大的理论创新是对客观规律认识的结果。党的二十大从系统观念和系统规律出发，在明确我国社会的主要矛盾保持不变的同时，"我们要善于通过历史看现实、透过现象看本质，把握好全局和局部、当前和长远、宏观和微观、主要矛盾和次要矛盾、特殊和一般的关系，不断提高战略思维、历史思维、辩证思维、系统思维、创新思维、法治思维、底线思维能力，为前瞻性思考、全局性谋划、整体性推进党和国家各项事业提供科学思想方法"②。

（三）深化了对经济建设、政治建设、文化建设、社会建设、生态文明建设的规律认识

进入中国特色社会主义新时代。我党一直强调要深化对经济规律、社会规律和自然规律的认识，发展必须是遵循经济规律的科学发展；必须是遵循自然规律的可持续发展；必须是遵循社会规律的包容性发展。2017年12月召开的中央经济工作会议强调，推动高质量发展是保持经济持续健康发展的必然要求，是适应我国社会主要矛盾变化和全面建成小康社会、全面建设社会主义现代化国家的必然要求，是遵循经济规律发展的必然要求。③ 以这些规律为基础，习近平新时代中国特色社会主义思想对中国特色社会主义事业总体布局内涵的认识越来越深刻。在经济建设方面，建设

① 习近平. 决胜全面建成小康社会夺取新时代中国特色社会主义伟大胜利：在中国共产党第十九次全国代表大会上的报告 [N]. 人民日报，2017 - 10 - 28.

② 习近平. 高举中国特色社会主义伟大旗帜　为全面建设社会主义现代化国家而团结奋斗：在中国共产党第二十次全国代表大会上的报告 [EB/OL]. (2022 - 10 - 16) [2022 - 10 - 26]. http：//cpc. people. com. cn/n1/2022/1026/c64094 - 32551700. html.

③ 适应高质量发展要求完善宏观调控 [N]. 人民日报，2018 - 12 - 28.

现代化经济体系是跨越关口的迫切要求和我国发展的战略目标。在政治建设上，积极稳妥推进政治体制改革，推进社会主义民主政治制度化、规范化、法治化、程序化。在文化建设方面，以马克思主义为指导，坚守中华文化立场，立足当代中国现实，结合当今时代条件。发展面向现代化、面向世界、面向未来的民族的、科学的、大众的社会主义文化。在社会建设方面，抓住人民最关心、最直接、最现实的利益问题。既尽力而为，又量力而行，一件事情接着一件事情办，一年接着一年干。在生态建设方面，坚持节约优先、保护优先、自然恢复为主的方针，形成节约资源和保护环境的空间格局、产业结构、生产方式、生活方式，还自然以宁静、和谐、美丽。党的十八大以来，党中央从坚持和发展中国特色社会主义全局出发，提出并形成了全面建成小康社会、全面深化改革、全面依法治国、全面从严治党的战略布局，确立了新形势下党和国家各项工作的战略目标和战略举措。"四个全面"战略布局是从我国发展现实需要中提出来的，是从我国人民群众的热切期待中提出来的，是为推动解决我们面临的突出矛盾和问题提出来的，更是从深化对社会主义建设客观规律的认识中提出来的。

党的十九届六中全会系统总结了中国共产党的百年奋斗重大成就和历史经验，鲜明地凝结了党百年奋斗的五大历史意义和十个方面历史经验。党的二十大明确提出了五个"必由之路"的伟大论断，即"坚持党的全面领导是坚持和发展中国特色社会主义的必由之路，中国特色社会主义是实现中华民族伟大复兴的必由之路，团结奋斗是中国人民创造历史伟业的必由之路，贯彻新发展理念是新时代我国发展壮大的必由之路，全面从严治党是党永葆生机活力、走好新的赶考之路的必由之路"[①]。这是我们党和国家在长期实践中得出的至关紧要的规律性认识和总结，是党统摄经济建设、政治建设、文化建设、社会建设、生态文明建设的重要体现。

---

① 习近平. 高举中国特色社会主义伟大旗帜 为全面建设社会主义现代化国家而团结奋斗：在中国共产党第二十次全国代表大会上的报告 [EB/OL]. （2022 - 10 - 16）[2022 - 10 - 26]. http：//cpc. people. com. cn/n1/2022/1026/c64094 - 32551700. html.

5.3.3　开拓人类社会发展的新视野

习近平同志说过："学习马克思，就要学习和实践马克思主义关于人类社会发展规律的思想。马克思科学揭示了人类社会最终走向共产主义的必然趋势。"① 因此，站在百年未有之大变局的历史潮头，面对人类社会面临的共同问题和挑战，就更需要我们在历史和现实中科学把握人类社会发展规律，致力于人类和平与发展的崇高事业。

中国特色社会主义进入了新时代，以习近平同志为核心的党中央在新时代发展的实践中深化了对人类社会发展规律的新认识；在人类命运共同体理念和人类文明新形态的倡议中创造性地把握了人类社会发展规律的新视野；在中国式现代化的进程中不断丰富和发展人类现代化实践新道路；在中国特色社会主义共同理想和共产主义远大理想的结合中增添了人类社会发展的新动力。

（一）在新时代发展的实践中深化对人类社会发展规律的新认识

自党的十八大以来，在马克思主义科学实践观的指引下，以习近平同志为核心的党中央依据时代的变化，总结经验教训，做出了一系列的决策部署，推动了我国经济社会的健康发展，同时，这些科学的决策部署也积极地推动了中国特色社会主义实践的发展。我们党经过接续奋斗，坚持精准扶贫，全国八百三十二个贫困县全部摘帽，近一亿农村贫困人口实现脱贫，九百六十多万贫困人口实现易地搬迁，打赢了人类历史上规模最大的脱贫攻坚战，"历史性地解决了绝对贫困问题，为全球减贫事业作出了重大贡献。"②

因此，以习近平同志为核心的党中央坚持科学的实践观，在新的历史时期提出了许多治国理政新思想，这些科学的思想是在不断实践中总结、归纳的真理性认识。正是在科学的实践观的指导下，中国人民在新时代进

---

① 习近平. 在纪念马克思诞辰 200 周年大会上的讲话 ［M］. 北京：人民出版社，2018：16.
② 习近平. 高举中国特色社会主义伟大旗帜　为全面建设社会主义现代化国家而团结奋斗：在中国共产党第二十次全国代表大会上的报告 ［EB/OL］. (2022 – 10 – 16) ［2022 – 10 – 26］. http：//cpc. people. com. cn/n1/2022/1026/c64094 – 32551700. html.

一步深化了对人类社会发展规律的认识，同样，这些认识也将会成为今后继续指导我们社会主义实践的科学认识。

（二）在人类命运共同体和人类文明新形态理念的构建中创造性把握人类社会发展规律新视野

党的十八大以来，我党沿着马克思、恩格斯对人类社会发展规律的探索继续前进，结合我国的伟大实践，创造性地提出了人类命运共同体理念，站在新时代的背景下，以习近平同志为核心的党中央站在推动人类社会健康发展的视野下，科学把握世界历史以及人类社会发展的规律，倡导构建人类命运共同体，这为世界的发展提供了新的视野，超越地域和国家之间的限制，倡导世界各国应该放下偏见，共应挑战，共同把握发展机遇。人类命运共同体理念为人类未来的发展提供了新的视角，主张构建新型国际关系，为世界的发展贡献了中国方案和智慧，可以说，人类命运共同体理念为进一步认识人类社会发展规律提供了新的思路。

人类命运共同体进一步深化了对人类社会发展规律的认识。"坚定维护国际公平正义，倡导践行真正的多边主义，旗帜鲜明反对一切霸权主义和强权政治，毫不动摇反对任何单边主义、保护主义、霸凌行径。"① 倡导积极构建人类命运共同体，顺应世界发展趋势，回应了国际社会发展的现实需要，为解决人类社会面对的共同难题提供了新的思路。

（三）在中国式现代化的进程中不断丰富和发展人类现代化实践新道路

中国共产党团结带领中国人民开辟了马克思主义中国化时代化的新境界，开辟了有别于西方殖民掠夺的粗犷的现代化道路。正如党的二十大报告所言："科学社会主义在二十一世纪的中国焕发出新的蓬勃生机，中国式现代化为人类实现现代化提供了新的选择，中国共产党和中国人民为解决人类面临的共同问题提供更多更好的中国智慧、中国方案、中国力量，

---

① 习近平. 高举中国特色社会主义伟大旗帜 为全面建设社会主义现代化国家而团结奋斗：在中国共产党第二十次全国代表大会上的报告［EB/OL］.（2022-10-16）［2022-10-26］. http：//cpc. people. com. cn/n1/2022/1026/c64094-32551700. html.

为人类和平与发展崇高事业做出新的更大的贡献!"① 中国式现代化是马克思主义与中国具体实际、中华优秀传统文化相结合的产物,有着各国现代化的共同特征,又有着基于中国国情的中国特色,是人口规模巨大、全体人民共同富裕、物质文明和精神文明相协调、人与自然和谐共生、走和平发展道路的现代化。同时,中国式现代化还有着深刻的本质要求,不断助推中国朝着实现社会主义现代化强国的目标而努力。

中国式现代化取得的伟大成就和伟大经验必将成为广大落后国家步入现代化的有益借鉴和实践研究的经典范式。中国式现代化在面对逆全球化思潮、单边主义、保护主义等全球性问题方面给出了中国方案和中国智慧,为人类社会发展和提高国家治理能力提供新的解决方案。

（四）在共同理想和远大理想的结合中增添人类社会发展的新动力

在新时代的背景下,坚持把中国特色社会主义共同理想和共产主义远大理想结合起来,即把阶段性理想和最终理想结合起来。

中国特色社会主义共同理想的实现是共产主义远大理想实现的基础。新时代,想要朝着共产主义的远大目标不断前进,并逐步实现共产主义,就要继续为实现中国特色社会主义共同理想全力以赴、奋力拼搏。新时代,要继续立足我国经济社会发展实际,在全面深化改革的历史关头,深刻把握我国社会发展新情况、新问题,艰苦奋斗,迎难而上,逐步实现中华民族伟大复兴的中国梦这一阶段性目标,只有这个目标实现了,才能继续朝着未来的远大理想前进。共产主义远大理想为中国特色社会主义共同理想的实现提供科学指引。习近平同志在纪念马克思诞辰 200 周年的讲话中明确指出,马克思科学地揭示了人类社会最终走向共产主义的必然趋势。马克思、恩格斯为人类社会发展指明了方向,他们深刻揭示人类社会发展规律,毕生都为实现全人类的解放而斗争。因此,为了实现这个远大理想,就要继续朝着中国特色社会主义事业指明的方向前进。从人类社会

---

① 习近平. 高举中国特色社会主义伟大旗帜 为全面建设社会主义现代化国家而团结奋斗:在中国共产党第二十次全国代表大会上的报告 [EB/OL]. (2022 - 10 - 16) [2022 - 10 - 26]. http: //cpc. people. com. cn/n1/2022/1026/c64094 - 32551700. html.

发展的历史来看，中国特色社会主义共同理想和共产主义远大理想一个是阶段性目标，一个是最终理想，二者之间相辅相成，相互影响，因此，只有科学认识人类社会的发展规律，才能促进这两个目标的逐步实现。

马克思主义深刻揭示了人类社会的发展规律，在科学把握规律中为人类的发展指明了方向和目标。自党的十八大以来，以习近平同志为核心的党中央带领中国人民在新时代的实践中进一步深化了对人类社会发展规律的认识，总结了实践经验和人民群众的智慧，为中国特色社会主义和世界社会主义的发展做出了积极的贡献。

第六章　价值分析方法

在认识方法占主体地位的方法论体系中，价值分析方法作为人们改造世界的重要手段之一，越来越受到人们的重视和运用。如果说，认识方法以主体趋向客体为特征，那么，价值分析方法则以客体趋向主体为宗旨。

方法是本质的体现，价值本质是价值分析方法的真正内涵。从价值本质上说，一切价值分析方法都不外是人自我实现、自我满足、自我确证的手段和途径。人们在改造外在对象的同时，也在不断地完善自我。改造对象和完善自我的方法主要在于正确把握认识方法和价值分析方法的区别。认识方法的出发点是物，是人对物的了解和把握的方法，认识的过程往往都是从感性到理性、从具体到抽象、从个别到一般，认识方法以客观性为原则，遵循事物的本质和规律。价值分析方法的出发点是人，坚持主体性原则，以主体的本性、需要、利益为尺度，通过实践去批判地改造物，最终实现满足人的需要。因此，价值分析方法具有主体性、实践性、历史性和批判性的理论特点。

价值是属人的范畴。价值活动是人特有的一种本质性活动，价值的根本性质在于主体性。主体性方法以主体（人）作为价值尺度，从主体（人）的需要出发，通过社会生活实践来把握价值、理解价值，进而解决价值问题。主体性方法要求在具体的价值实践活动中，要分析主体的本性、诉求、利益、目的、情感、能力等各种影响价值活动的因素，同时还要分析不同主体之间、同一主体在不同阶段的价值活动的差异性。总之，价值分析方法的出发点和落脚点都是主体"人"。

价值是一个历史的范畴。历史是人的历史，人是历史性的存在物。通过社会实践活动，人得以生存、繁衍、发展和完善，从而创造了"人化自然"，形成了社会历史。主体（人）在历史的不同阶段，其价值诉求、价值标准、价值判断差异性甚大，处于一个动态发展的历史过程，因而，要用历史分析法来研究价值，从历史与逻辑相统一的高度，批判继承历史的发展，建构一种恰当的价值思维方式。

6.1 马克思主义价值论

马克思主义价值理论是马克思主义哲学的一个重要领域，体现了马克思主义哲学对价值问题的基本立场、观点和方法。研究马克思主义价值理论要遵循一定的原则，运用恰当的方法，基本原则主要包括理论与实践相统一、真理与价值相统一、个人主体与人民主体相统一的原则。① 基本方法主要有主体分析方法、历史分析方法、评价分析方法等。

6.1.1 尺度与属性

马克思的"两个尺度"思想为人类实践活动提供了基本范式和解释框架，为马克思主义价值理论奠定了理论基础。马克思在《1844 年经济学哲学手稿》中揭示人的本质过程中，提出了人的活动的两个尺度，即人的尺度和物的尺度，指出"动物只是按照它所属的物种的尺度和需要来造成东西，可是人善于依照任何物种的尺度来生产，并且到处善于对对象使用适当的尺度"②。两个尺度是研究马克思主义价值理论和方法的基本观点。

（一）现实的人

马克思主义价值理论的首要任务是研究现实的人的需要，从现实

---

① 马俊峰．马克思主义价值理论研究［M］．北京：北京师范大学出版社，2012：19．

② 中共中央 马克思 恩格斯 列宁 斯大林著作编译局．马克思恩格斯全集：第3卷［M］．北京：人民出版社，1956：274．

的人的活动和需要出发，把价值还原为人的现实存在的问题。关于对人的理解，主要存在从"抽象的人"和"现实的人"出发来理解两条路径。

在马克思之前，很多哲学家也探讨了关于人的学说，然而他们的理解都是有偏差的，他们往往从"抽象的人"出发来理解人。所谓"抽象的人"，就是把人简单地理解为个人，理解为原子式的孤立的单个体，其实质是对人的一种抽象的片面的理解，把人仅仅当作"感性的人""理性人""意志人"等，进而把人性、人的本质理解为亘古不变的社会历史动因。其中有代表性的人物主要有康德、黑格尔、费尔巴哈等。

康德曾经提出"人是目的""人为自然界立法"的理念，他认为人是自然的"最高目的"，是自然中一切事物为之存在的最终目的。康德提出"现象世界"和"自在世界"，人既是感性动物，也是理性动物。所以，康德明确地指出"自然界的最高立法必然是在我们心中，即在我们的理智中"①，在康德看来，所有的一切都应该以人为中心，人在自然和社会中处于中心地位，人为自然界立法。

黑格尔继承了康德的思想，他认为："人类自身具有目的，就是因为他自身中具有'神圣'的东西——那便是我们从开始就称作'理性'的东西。"② 在黑格尔的视域中，整个世界，包括人在内，都是"绝对精神"的产物，人只不过是"绝对精神"运动过程中的一个环节而已，把人作为一种精神实体来认识，将人的本质归结为"自我意识"，黑格尔夸大了人的主观能动性，实质上是把人抽象化了。

费尔巴哈是旧唯物主义的杰出代表，他在《基督教的本质》中以唯物主义的方法摆正了人的位置，认为上帝是人按照自己的类本质虚构出来的。为了批判黑格尔的"自我意识"，费尔巴哈提出了一种"以自然为基础的现实的人"的观点，这是费尔巴哈的理论贡献。但是，费尔巴哈理解的人是单个的、自然的人，没有触及人的实践活动，"他还从来没有看到

① 北京大学哲学系外国哲学史教研室. 西方哲学原著选读：下卷［M］. 北京：商务印书馆，1982：286.
② 黑格尔. 历史哲学［M］. 北京：三联书店，1956：73.

现实存在着的、活动的人，而是停留于抽象的'人'。"①

　　马克思、恩格斯以自己全新的哲学和全新的世界观，对唯心主义和以费尔巴哈为最高代表的旧唯物主义进行了批判，彻底摆脱了"抽象的人"，进而转向"现实的人"的理解。马克思在《关于费尔巴哈的提纲》中指出："从前的一切唯物主义（包括费尔巴哈的唯物主义）的主要缺点是：对对象、现实、感性，只是从客体的或者直观的形式去理解，而不是把它们当做感性的人的活动，当做实践去理解，不是从主体方面去理解。因此，和唯物主义相反，唯心主义却把能动的方面抽象地发展了，当然，唯心主义是不知道现实的、感性的活动本身的。费尔巴哈想要研究跟思想客体确实不同的感性客体：但是他没有把人的活动本身理解为对象性的活动。"② 这是马克思从"现实的、感性的活动本身"和实践的角度来定义"现实的人"。

　　马克思在《德意志意识形态》中进一步阐述了"现实的人"。马克思一开始就指出："我们开始要谈的前提不是任意提出的，不是教条，而是一些只有在臆想中才能撇开的现实前提。这是一些现实的个人，是他们的活动和他们的物质生活条件，包括他们已有的和由他们自己的活动创造出来的物质生活条件。……全部人类历史的第一个前提无疑是有生命的个人的存在。"③ 马克思从全部人类历史的角度确立了"现实的人"的社会基础性地位，随后着重从生产方式的视角进行了深入、全面的考察。至此，"现实的人"在马克思主义哲学中正式确立起来。

　　随着社会历史的进步和发展，对于"现实的人"的理解越来越丰富，如从社会结构、历史文化、利益需要等方面进行考察，但生产实践无论何时都是考察"现实的人"的首要因素。

　　（二）现实的需要

　　需要是人存在的基础，正是人的某种现实的需要，价值关系才会发

---

　　① 中共中央 马克思 恩格斯 列宁 斯大林著作编译局．马克思恩格斯选集：第 1 卷 ［M］．北京：人民出版社，2012：157.

　　② 同①，第 133 页。

　　③ 同①，第 146 页。

生。马克思、恩格斯指出："我们首先应当确定一切人类生存的第一个前提，也就是一切历史的第一个前提，这个前提是：人们为了能够'创造历史'，必须能够生活。但是为了生活，首先就需要吃喝住穿以及其他一些东西。因此第一个历史活动就是生产满足这些需要的资料，即生产物质生活本身。"① 可见，第一个历史事实是生产物质生活的需要，即物质生活的需要。第二历史事实是在生产物质生活需要得到满足的前提下发生新的需要，如精神生活需要。第三个历史事实是在物质生活和精神生活得到一定需要之后产生了家庭。马克思、恩格斯在论述人类社会历史时是把"需要"当作人类社会存在、社会历史发展的一种"动因"。无论是自然的需要还是社会的需要，或是生存需要，还是发展需要，需要始终是人的需要。

人的需要本质上是一种社会性需要，需要作为人的对象性活动是有具体内容的，即体现了人的生理结构、心理结构和社会文化结构，深受自然环境和社会环境的影响，人为了满足需要而具有目的性。马克思比较人的活动与动物的活动的差别时指出："蜘蛛的活动与织工的活动相似，蜜蜂建筑蜂房的本领使人间的许多建筑师感到惭愧。但是，最蹩脚的建筑师从一开始就比最灵巧的蜜蜂高明的地方，是他在用蜂蜡建筑蜂房以前，已经在自己的头脑中把它建成了。劳动过程结束时得到的结果，在这个过程开始时就已经在劳动者的想象中存在着，即已经观念地存在着。他不仅使自然物发生形式变化，同时他还在自然物中实现自己的目的，这个目的是他所知道的，是作为规律决定着他的活动的方式和方法的，他必须使他的意志服从这个目的。"② 在这段经典论述中，马克思主要是从目的与活动的关系上来论述人与动物的本质差别，指出目的的超前性和方法的恰当性，实质上揭示了需要和目的之间的存在关系。

实现目的、满足需要，实践是关键。马克思、恩格斯从现实的人、现

---

① 中共中央 马克思 恩格斯 列宁 斯大林著作编译局. 马克思恩格斯选集：第1卷 [M]. 北京：人民出版社，2012：158.

② 中共中央 马克思 恩格斯 列宁 斯大林著作编译局. 马克思恩格斯选集：第2卷 [M]. 北京：人民出版社，2012：169 - 170.

实的需要出发，抓住了物质生产或生产物质生活这种最基本的实践形式，确立了实践在人类历史中的方位作用，考察了交往实践及其各种形式，形成了科学的实践观。

（三）主客体分析方法

现实的人在现实的活动中是作为各种活动的主体而存在的，在人的对象性、目的性活动中，主体和客体构成了活动结构的最基本因素，在认识论和价值论的视域中，主客体分析范式是最为常见、通用的一种基本分析范式。

西方近代哲学发展的一个重要标志是以认识论代替了本体论成为哲学的中心问题，即人们通常说的"认识论转向"。认识论的框架被概括为"主客二分"的研究范式，主体、客体是认识论的基本范畴。不同的哲学家对主客体分析方法的具体运用和理解是不同的，认识主体和认识客体的关系成了"主观"和"客观"的关系，"思维"和"存在"的关系，存在唯物论和唯心论、经验论与唯理论、实在论与观念论的分歧，究其内在原因，往往是没有对实践进行正确的理解。

马克思主义哲学的革命性变革实现了"实践论转向"，马克思主义哲学与唯心主义、旧唯物主义的根本区别在于实践，实践是认识的基础，是认识的来源，是检验认识正确与否的标准，同时承认认识主体的能动性、积极性。实践的观点不仅是马克思主义认识论的首要的观点，更是整个马克思主义哲学的首要的、基本的观点。以往的唯物主义不懂得把对象、现实当作实践去理解，不从主体方面去理解，唯心主义同样也不懂得实践的意义，夸大了主体的能动性。

在主体性方面，马克思、恩格斯理解的"主体"，既包括单个主体，还包括群体主体、社会主体等。不同的主体在社会实践中，通过需要和能力的驱动使一定的事物成为对象即客体。主体和客体存在着辩证的关系，互相规定、相互作用。主体与主体之间也存着主体间关系，仅限于人与人交往的过程中。

6.1.2 价值与事实

价值与事实的关系问题是价值论的一个基本问题，对于这一问题的回答不仅关涉价值论存在的合法性问题，也标志着现代价值论的兴起。事实与价值的分裂、对立一度陷入困境，西方学者致力于弥合事实与价值之间的裂痕，然而，由于西方思想文化的传统，要不就是从理性角度进行逻辑推导，要不就是从感性角度进行融合，不仅没有解决事实与价值的对立关系问题，反而使现代价值论陷入形而上的纷争。直到马克思把价值问题置于主客体的实践中进行理解和把握，不仅为事实与价值的对立提供了破解方法，而且使现代价值论脱离了二元思维模式的理论困境。

马克思指出："凡是把理论引向神秘主义的神秘东西，都能在人的实践中以及对这个实践的理解中得到合理的解决。"① 实践作为人的对象性活动，既是人的本质，也是人的存在方式，只有在实践中才能找到价值现象存在和发生的事实所在。事实与价值关系对立的本质是割裂了事实判断与价值判断的内在联系，或者片面强调事实判断的客观性，从而否认了人的主体性地位；或者把价值判断仅仅看作人的内在尺度，从而否定了价值判断是人在实践过程中内在尺度与外在尺度的统一。从马克思主义实践观来看，实践是人类特有的对象性活动，是主体认识世界、改造世界的对象性活动。实践是主客体沟通的桥梁和中介，这种沟通不是形而上的沟通，既不是把客体置于人的认识能力之外，从而造成事实判断的狭隘的客观性，也不是把认识作为人的感觉、意志等的结果，从而造成人的价值判断绝对的主观性。因此，实践是一种能动的主客体活动关系。当主客体的价值关系一旦确立，价值判断就是人在实践过程中内在尺度与外在尺度的统一。

价值是一种主体性现象，主体的需要是价值关系得以成为价值关系的根据，能否满足主体需要是判定一定事物对主体究竟有没有价值的尺度或标准。价值是一种实践性"事实"，事物或事实对一定的主体是否具有价

---

① 中共中央 马克思 恩格斯 列宁 斯大林著作编译局．马克思恩格斯选集：第1卷［M］．北京：人民出版社，2012：135－136.

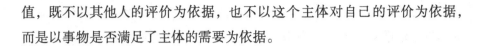

值，既不以其他人的评价为依据，也不以这个主体对自己的评价为依据，而是以事物是否满足了主体的需要为依据。

6.1.3 价值与评价

价值与评价的关系问题是价值论的一个核心性问题。价值评价作为人把握价值的观念活动，价值选择、价值创造、价值实现都以价值评价作为前提条件。评价是对价值的特殊观念的把握，对价值的感应、感受、体察、体验、评估、揭示、解释、预测、计算、权衡的活动。① 价值评价要突破认识论或知识论的视域，从价值论的范式把握，正确把握评价活动与认知活动的区别，评价活动作为价值意识的对象性活动，存在于意识、情感、理智等各层面。

标准是评价的前提性基础。评价总是以一定的尺度、指标、体系来衡量对象，从根本上来看，评价标准就是人们的价值观念，评价是根据一定的价值标准而做出的，当然，严格意义上来说，评价标准和价值标准又有差异。马克思主义价值论认为，评价标准只是价值标准的一种反映或内化，是对价值主体需要的一种反映，评价本质上是对价值的观念把握，是从观念上揭示、表征价值，而不是决定价值。

价值和评价都具有多元性。价值多元性主要体现在价值立场多元、价值信念多元、价值取向多元、价值标准多元、价值规范多元等，价值的多元性，本质上是价值关系的多元性，是评价主体的多元性。评价的多元性源于主体的多元性，评价主体不同，评价活动也不尽相同。

6.1.4 统筹兼顾的价值方法

科学发展观，第一要义是发展，核心是以人为本，基本要求是全面协调可持续，根本方法是统筹兼顾。统筹兼顾，作为科学发展观的根本方法，是我们党在中国革命和社会主义现代化建设的实践中，逐步形成、发展和完善的具有中国特色的方法论原则。在社会发展实践中，统筹兼顾方

---

① 马俊峰. 马克思主义价值理论研究 [M]. 北京：北京师范大学出版社，2012：245.

法论处理的是人与人、人与自然、人与社会的各种矛盾关系，不仅具有重要的方法论意义，还具有鲜明的价值论意蕴。统筹兼顾的根本方法是在广泛吸收马克思主义唯物辩证法，深刻总结我国革命、建设和改革开放历史经验和全面把握我国现阶段社会建设的总体特征基础上形成的最新理论成果。

统筹兼顾要求"要正确认识和妥善处理中国特色社会主义事业中的重大关系，统筹城乡发展、区域发展、经济社会发展、人与自然和谐发展、国内发展和对外开放，统筹中央和地方关系，统筹个人利益和集体利益、局部利益和整体利益、当前利益和长远利益，充分调动各方面积极性"[①]。"既要总揽全局、统筹规划，又要抓住牵动全局的主要工作、事关群众利益的突出问题，着力推进、重点突破。"[②] 统筹兼顾涉及主体与客体、主体与主体之间的相互关系，体现着价值原则。在价值目标上，科学发展观的核心是以人为本，胡锦涛同志指出"坚持以人为本，就是要以实现人的全面发展为目标，从人民群众的根本利益出发谋发展、促发展，不断满足人民群众日益增长的物质文化需要，切实保障人民群众的经济、政治和文化权益，让发展的成果惠及全体人民"[③]。全体人民的利益、人的自由全面发展是统筹兼顾的价值目标。

在价值尺度上，马克思提出了人的尺度和物的尺度，统筹兼顾既要从人的角度出发来实现人们的当前利益，又要从物的角度出发，以物的客体属性和物对人的满足关系为制约，实现社会的全面、协调、可持续的发展。

在价值选择上，统筹兼顾涉及的利益关系有城乡、区域、经济与社会、人与自然、国际与国内、中央和地方、个人与集体、局部与整体、当前与长远等。价值主体包括了个人、集体和国家，统筹兼顾要求体现个人利益与集体利益的统一、局部利益与整体利益的统一、当前利益与长远利益的统一以及重点利益与非重点利益的统一，因此，如何统筹兼顾实质上就是一种价值选择。

---

① 胡锦涛. 高举中国特色社会主义伟大旗帜为夺取全面建设小康社会新胜利而奋斗：在中国共产党第十七次全国代表大会上的报告 [M]. 北京：人民出版社，2007：16.
② 胡锦涛. 胡锦涛文选：第3卷 [M]. 北京：人民出版社，2016：8.
③ 十六大以来重要文献选编：上 [G]. 北京：中央文献出版社，2005：850.

6.2　新时代价值思维方法

价值思维方法以从事实际活动的人为出发点，立足主体尺度和主体间性，对社会生活实践进行价值选择、价值判断、价值评价的方法。党的十八大以来，习近平总书记创新运用价值哲学方法论，坚持以人民为中心，实施精准脱贫，全面实现小康，心念共同富裕，培育和践行社会主义核心价值观，推动构建人类命运共同体，共创美好生活，习近平新时代中国特色社会主义思想蕴含了丰富的价值思维方法。

6.2.1　坚持人民至上的价值观

以人民为中心一直是中国共产党执政为民的应有之义和价值诉求，是新时代中国特色社会主义群众观的本质要求。习近平总书记在多次重大会议讲话中不断强调"人民"二字，如在十三届全国人大一次会议闭幕会上发表重要讲话中 84 次提及"人民"，表明了习近平总书记具有强烈的人民观，鲜明地宣誓了他带领中国共产党执政为民的坚定决心，时刻保持同人民的血肉联系。党的二十大报告更是直接将人民至上作为习近平新时代中国特色社会主义思想的世界观和方法论，指导我们未来的日常工作。

"小康不小康，关键看老乡"的价值判断

"小康"一词出自《诗经》："民亦劳止，汔可小康。"是指老百姓过于劳苦，但求可以稍稍生活安定，表达了奴隶社会人们的一种理想的生活状态，现引申为人民群众享有的介于温饱与富裕之间的比较殷实的一种生活状态。党把为中国人民谋幸福，为中华民族谋复兴作为自己的初心和使命，一百年来为了实现人民的共同富裕一代又一代的接续奋斗。

改革开放之初，以邓小平同志为核心的党中央就提出了小康社会的战略目标，即"三步走"发展战略中的前两步，从 1981 年到 1990 年，国民

生产总值翻一番，解决人民温饱问题；从 1991 年到 20 世纪末，使国民生产总值再翻一番，人民生活达到小康水平。党的十六大在达到小康水平的基础上，提出了"更高水平的小康"，中国特色社会主义进入新时代，到了党的十八大首次提出全面建成小康社会，2020 年我们如期全面建成小康社会。全面建成小康社会的判断标准是什么呢？习近平总书记给予明确的答复："小康不小康，关键看老乡，关键在贫困的老乡能不能脱贫。"论断充分体现了小康社会是兼顾每个人民群众的小康，是全体人民群体的小康，习近平总书记强调要把老区的全面小康，特别是老区贫困人口脱贫致富，作为全面建成小康社会的重要部分，否则全面小康不是完整的。人民是全面建成小康社会的主体，体现了以人民为中心的价值观，把以人民为中心落实到具体实践中。习近平总书记承诺"决不能落下一个贫困地区、一个贫困群众""无论是全面小康、脱贫，还是现代化，一个少数民族也不能少。各族群众是一个大家庭，要携手并进。""以人民为中心"是乡村振兴道路上始终坚持的重要理念，该理念充实了全面决胜小康社会的深刻内涵，更加牢固价值的取向。这也印证了我们党一切为了群众，一切依靠群众的群众观点，和从群众中来，到群众中去的群众路线，是以人民为中心的发展思想的一种诠释。"小康不小康，关键看老乡"的价值判断，是指人民群众既是价值创造的主体，又是价值评价的主体，尊重人民群众的主体地位和首创精神，脱贫攻坚任务除了依靠党和国家的扶持，更重要的是激发人民主体积极性、主动性、创造性，人民群众是脱贫工作的力量之源。我们要把人民群众作为最高的价值主体和判断主体，以符合和满足广大人民群众的根本利益作为价值判断的出发点和落脚点，始终抱着对人民群众负责的态度，坚持把人民群众拥护不拥护、高兴不高兴、答应不答应作为判断党的工作是非、得失的标准，增强人民群众的体验感、幸福感、获得感。"小康不小康，关键看老乡"的价值判断是中国共产党人的价值尺度和衡量标准，是党的重要价值理念，它对党同人民群众的关系给予了科学的回答，指明了党今后努力的方向。

习近平总书记"小康不小康，关键看老乡"的重要论述，蕴含着鲜明的价值取向，对于巩固好脱贫攻坚成果和全面推进乡村振兴战略，向第二个百年奋斗目标奋进，实现全体人民共同富裕具有重大意义。

6.2.2　社会主义核心价值观的价值目标

价值观具有历史性和选择性，一定的价值观是处于一定经济和社会关系中人们的利益需要的反映，不同时代环境形成不同的价值观。中国特色社会主义进入新时代，处于新的历史方位，是时代发展和实践发展的需要。党的十八大提出倡导富强、民主、文明、和谐，倡导自由、平等、公正、法制，倡导爱国、敬业、诚信、友善，积极培育和践行社会主义核心价值观。社会主义核心价值观与其他价值观相区别，是以社会主义作为前提和界定，是一种符合中国国情的崭新价值观。社会主义核心价值观是一个社会群体必须长期遵循的基本价值准则，是国家、社会、个人三个层面追求的价值目标，为中国特色社会主义的发展擘画蓝图，是衡量和判断社会主义的重要尺度和标准，在社会中起支配作用的核心价值理念，决定着人们的思想取向和行为选择。社会主义核心价值观要坚持以人民群众为价值主体，把社会主义核心价值观中国家、社会、个人三个层面的价值理念落实到具体的个人，通过个人的参与和实践来实现，推动社会主义核心价值观不断转化为社会群体意识和人们的自觉行动，形成人人践行社会主义核心价值观的生动景象。"要切实把社会主义核心价值观贯穿于社会生活方方面面。要通过教育引导、舆论宣传、文化熏陶、实践养成、制度保障等，使社会主义核心价值观内化为人们的精神追求，外化为人们的自觉行动。"[1] 党的第三个历史决议明确了："党坚持以社会主义核心价值观引领文化建设。"[2]

社会主义核心价值观指明了国家发展战略要达到富强、民主、文明、和谐的价值目标，培育和践行社会主义核心价值观，对于全面推进乡村振兴战略、实现中华民族伟大复兴中国梦具有重要现实意义和深远历史意义。

---

[1]　习近平. 习近平谈治国理政：第1卷 [M]. 北京：外文出版社，2014：164.
[2]　中共中央关于党的百年奋斗重大成就和历史经验的决议 [M]. 北京：人民出版社，2021：45.

6.2.3　人类命运共同体的价值诉求

当前社会正处在大发展、大变革、大调整时期，在世纪疫情和各种非传统安全交互影响的情况下，经济危机、保护主义、文化冲突、霸权主义、恐怖主义等也日益威胁着人类的生存和发展，旧的国际经济政治秩序和以美国为首的西方资本主义国家无力解决人类面临的问题，构建新的公平正义的国际经济政治秩序是全世界人民的价值诉求。在此背景下，习近平总书记提出构建人类命运共同体的理念，为当代人类面临的重大生存和世界发展问题提供了中国方案和中国智慧，以"持久和平、普遍安全、共同繁荣、开放包容、清洁美丽"为价值目标，明确人类命运共同未来发展形态和趋势，体现"和平、发展、公平、正义、民主、自由"的全人类共同价值。人类命运休戚与共，人类命运共同体理念一经提出，在全世界引起了巨大的反响，跨越了民族、国家、文化背景，被人们所理解和接纳。习近平总书记在讲话中也公开表明了中国倡导构建人类命运共同体的坚定决心，体现了中国人民的价值选择，"坚持走和平发展道路，推动建设新型国际关系，推动构建人类命运共同体，推动共建'一带一路'高质量发展，以中国的新发展为世界提供新机遇。中国共产党将继续同一切爱好和平的国家和人民一道，弘扬和平、发展、公平、正义、民主、自由的全人类共同价值"①。构建人类命运共同体关乎全世界人民整体利益、根本利益和长远利益，价值目标的实现有赖于价值主体的行动，需要切实解决好价值主体的现实利益诉求，发挥全世界人民主体能动性、积极性、创造性共同建设共同体，共同享有发展成果。党的第三个历史决议鲜明指出："构建人类命运共同体成为引领时代潮流和人类前进方向的鲜明旗帜。"② 党的二十大明确把"推动构建人类命运共同体，创造人类文明新形态"③ 写入中

---

① 习近平. 在庆祝中国共产党成立 100 周年大会上的讲话 [N]. 人民日报，2021 - 07 - 02 (2).

② 中共中央关于党的百年奋斗重大成就和历史经验的决议 [M]. 北京：人民出版社，2021：61.

③ 习近平. 高举中国特色社会主义伟大旗帜　为全面建设社会主义现代化国家而团结奋斗：在中国共产党第二十次全国代表大会上的报告 [EB/OL]. (2022 - 10 - 16) [2022 - 10 - 26]. http://cpc. people. com. cn/n1/2022/1026/c64094 - 32551700. html.

国式现代化的本质要求，是促进世界和平与发展、关乎世界各国人民前途所在。

　　和平与发展仍然是时代的主题，中国在深刻把握新时代国际形势的基础上，提出构建人类命运共同体，推进中国式现代化进程，走出了一条有别于西式民主与现代化的中国道路。中国在立足国内发展大局，以国内发展促进国际发展，强调全世界人民的整体利益，以"一带一路"倡议为切入点，为全人类进步事业而奋斗，展现中国的责任和担当。

附录 科学把握"第二个结合"的思维方法①

坚持和发展马克思主义，必须同中华优秀传统文化相结合。习近平总书记在文化传承发展座谈会上作出"'第二个结合'是又一次的思想解放"的重要论断，不仅用"三个新高度"阐明了"第二个结合"的精髓要义，更是从党和国家事业发展全局战略高度揭示了"第二个结合"的重大意义。这是党在实践基础上的重大理论创新成果，厚植了中国式现代化的文化根基，开辟了思想文化的创新空间，为在新的起点上担负起新的文化使命、建设中华民族现代文明指明了发展方向，提供了根本遵循。

恩格斯曾说："马克思的整个世界观不是教义，而是方法，它提供的不是现成的教条，而是进一步研究的出发点和供这种研究使用的方法。"我们党所主张的理论思维是马克思主义理论思维，即在马克思主义基本原理的指导下，以辩证唯物主义和历史唯物主义为思想武器，用批判的、辩证的、历史的思维方法观察问题、分析问题，在实践的基础上探寻规律、发现规律，形成规律性认识并用以指导实践的思维方式。正如习近平总书记所强调的那样，"我们坚持以马克思主义为指导，是要运用其科学的世界观和方法论解决中国的问题。"我们要坚持把马克思主义基本原理同中华优秀传统文化相结合，建设中华民族现代文明；坚持运用辩证唯物主义和历史唯物主义，把握好习近平新时代中国特色社会主义思想的世界观和方法论，坚持好、运用好贯穿其中的立场观点方法，把马克思主义思想精

---

① 本文系作者于 2023 年 6 月 28 日发表在《海南日报》（理论版）上。

— 144 —

髓同中华优秀传统文化精华贯通起来、同人民群众日用而不觉的共同价值观念融通起来。

批判思维方法

守正不守旧、尊古不复古

批判是马克思主义哲学的本质特征。列宁曾评价马克思的科学研究说:"凡是人类社会所创造的一切,他都有批判地重新加以探讨,任何一点也没有忽略过去。凡是人类思想所建树的一切,他都放在工人运动中检验过,重新加以探讨,加以批判。"中华优秀传统文化源远流长、博大精深,是中华文明的智慧结晶。我们传承发展中华优秀传统文化,要以批判思维方法把握好"优秀"与"糟粕"、"守正"与"守旧"、"尊古"与"复古"之间的思想边界。在实现马克思主义基本原理同中华优秀传统文化的结合中,要以批判思维方法防止两种错误思想倾向,既要批判文化虚无主义,也要批判文化复古主义。

中国共产党人是马克思主义者,坚持马克思主义的科学学说,坚持和发展中国特色社会主义,但中国共产党人不是历史虚无主义者,也不是文化虚无主义者。众所周知,历史虚无主义的危害在于它是从根本上否定马克思主义指导地位和中国走向社会主义的历史必然性,否定中国共产党的领导。文化虚无主义所反映的不仅仅是否定中国文化和中华文明,意图是要割断中国精神命脉,断裂中华文明延续。相对文化虚无主义的另外一种极端倾向是文化复古主义,文化复古主义打着"文化自信"的旗号,渗透在"国学热""儒学热"过程中,实质上则是以封建主义落后文化否定社会主义先进文化,以封建社会价值体系否定社会主义核心价值观,对当前社会主义思想、道德和文化建设危害极重。

因此,我们要坚守"守正不守旧、尊古不复古"的批判精神和进取精神。对文化虚无主义和文化复古主义,我们要以批判思维方法分析其时代样态、探寻其历史根源、消解其现实危害,有效推动中华优秀传统文化的创造性转化和创新性发展。

辩证思维方法

彼此契合且互相成就

辩证法是马克思主义哲学活的灵魂，其自觉形态是作为一种思维方式而存在的。由于"辩证唯物主义是中国共产党人的世界观和方法论"，因此，坚持把马克思主义基本原理同中华优秀传统文化相结合，理应要学会运用唯物辩证法，深刻把握联系和发展的辩证关系。诚如习近平总书记所说，"'结合'的前提是彼此契合""'结合'的结果是互相成就"。基于此，我们要学会运用联系的观点把握"彼此契合"，用发展的观点看待"互相成就"。

以联系的观点把握"彼此契合"。马克思主义和中华优秀传统文化作为两种不同的文化样态，二者形成的历史根源、阶级立场、理论样态等方面各自存在着不同性，在哲学意义上存在着"对立"性。然而，中国共产党人在救亡图存、寻求道路之际将两者联系起来。这就表明，马克思主义和中华优秀传统文化之间存在着"统一"性，二者之间的联系千丝万缕。中华优秀传统文化源远流长、博大精深，是中华文明的智慧结晶，其中蕴含的天下为公、民为邦本、为政以德、革故鼎新、任人唯贤、天人合一、自强不息、厚德载物、讲信修睦、亲仁善邻等，是中国人民在长期生产生活中积累的宇宙观、天下观、社会观、道德观的重要体现，同科学社会主义核心价值观主张具有高度契合性。由此，马克思主义的开放性与中华文明的包容性促使了马克思主义与中华优秀传统文化的高度契合。

以发展的观点掌握"互相成就"。马克思主义是我们立党立国、兴党兴国的根本指导思想，是我们党的灵魂和旗帜。中华优秀传统文化是中华文明的智慧结晶和精华所在，是中华民族的根和魂。坚持和发展马克思主义，必须同中华优秀传统文化相结合。只有根植本国、本民族历史文化沃土，马克思主义真理之树才能根深叶茂，马克思主义才能成为中国的。传承发展中华优秀传统文化，我们必须坚定历史自信、文化自信，坚持古为今用、推陈出新，以马克思主义的世界观和方法论推动中华优秀传统文化的创造性转化和创新性发展，让中华优秀传统文化成为现代的。两者"互相成就"而形成的新文化成为中国式现代化的文化形态。

历史思维方法

总结历史经验、开辟文化创新空间

唯物史观是马克思最为伟大的两个发现之一。中国共产党十分重视唯物史观的运用、历史经验的总结和历史思维的提升,这是百年大党多年来形成的重要思想方法。历史思维指向客观公正看待历史问题,科学总结历史经验教训,深入把握历史发展规律,主动顺应历史发展趋势的思维方式。"怎样对待本国历史?怎样对待本国传统文化?"习近平总书记指出,"这是任何国家在实现现代化过程中都必须解决好的问题。我们党在领导革命、建设、改革的进程中,一贯重视学习和总结历史,一贯重视借鉴和运用历史经验"。

以历史思维审视百年历史进程。回顾历史,党的百年奋斗史也是马克思主义基本原理同中华优秀传统文化相结合的历史。在历史结合进程中,我们党推进了马克思主义中国化时代化,传承发展了中华优秀传统文化,积极汲取了世界各类文明先进成果,培育创造了新时代中国特色社会主义文化。习近平总书记深刻总结说:"'第二个结合',是我们党对马克思主义中国化时代化历史经验的深刻总结,是对中华文明发展规律的深刻把握。"

以历史思维开辟文化创新空间。面向未来,历史思维要求我们要遵循事物发展规律,把握事物发展趋势。"第二个结合"是文化自觉的崭新呈现,是历史必然的科学把握,是文化创新的时代表达,是一次伟大的思想解放。"'结合'打开了创新空间,让我们掌握了思想和文化主动",也为思想创新、理论创新、制度创新开辟了广阔的文化空间。在新的文化创新空间中,我们要坚定历史自信、文化自信,努力建设中华民族现代文明,为中华民族伟大复兴凝聚强大的精神力量。

参考文献

［1］中共中央 马克思 恩格斯 列宁 斯大林著作编译局．马克思恩格斯文集：1～10卷［M］．北京：人民出版社，2009.

［2］中共中央 马克思 恩格斯 列宁 斯大林著作编译局．列宁专题文集：论无产阶级政党［M］．北京：人民出版社，2009.

［3］中共中央 马克思 恩格斯 列宁 斯大林著作编译局．列宁专题文集：论社会主义［M］．北京：人民出版社，2009.

［4］中共中央 马克思 恩格斯 列宁 斯大林著作编译局．列宁专题文集：论资本主义［M］．北京：人民出版社，2009.

［5］中共中央 马克思 恩格斯 列宁 斯大林著作编译局．列宁专题文集：论辩证唯物主义和历史唯物主义［M］．北京：人民出版社，2009.

［6］中共中央 马克思 恩格斯 列宁 斯大林著作编译局．列宁专题文集：论马克思主义［M］．北京：人民出版社，2009.

［7］中共中央文献研究室．毛泽东文集：第一～五卷［M］．北京：人民出版社，1993.

［8］江泽民文选：第一～三卷［M］．北京：人民出版社，2006.

［9］胡锦涛文选：第一～三卷［M］．北京：人民出版社，2016.

［10］小平文选：第一卷［M］．北京：人民出版社，1994.

［11］小平文选：第二卷［M］．北京：人民出版社，1994.

［12］小平文选：第三卷［M］．北京：人民出版社，1993.

［13］习近平谈治国理政：第一卷［M］．北京：外文出版社，2014.

［14］习近平谈治国理政：第二卷［M］．北京：外文出版社，2017.

［15］习近平谈治国理政：第三卷［M］．北京：外文出版社，2021.

［16］习近平谈治国理政：第四卷［M］．北京：外文出版社，2022．

［17］习近平新时代中国特色社会主义思想三十讲［M］．北京：学习出版社，2018．

［18］中共中央文献研究室．十七大以来重要文献选编［M］．北京：中央文献出版社，2009．

［19］中共中央文献研究室．十八大以来重要文献选编［M］．北京：中央文献出版社，2014．

［20］中共中央文献研究室．十九大以来重要文献选编：上册［M］．北京：中央文献出版社，2019．

［21］中共中央文献研究室．十九大以来重要文献选编：中册［M］．北京：中央文献出版社，2021．

［22］胡延风，王桂泉．当代中国化马克思主义方法论［M］．沈阳．辽宁人民出版社，2011

［23］石书臣，潘宁，等．马克思主义中国化方法论探研［M］．上海：三联书店，2013．

［24］王怀超，青连斌．社会科学研究方法论［M］．北京：中共中央党校出版社，2019．

［25］苑英科，张乃芳．马克思主义与社会科学方法论［M］．保定：河北大学出版社，2014．

［26］刘明芝．中国化马克思主义方法论研究［M］．济南：山东人民出版社，2020．

［27］辛向阳．马克思主义方法论研究［M］．北京：中国社会科学出版社，2021．

［28］申唯正．马克思主义社会科学方法论［M］．北京：中国人民大学出版社，2022．

［29］孙正聿．马克思主义辩证法研究［M］．北京：北京师范大学出版社，2012．

［30］杨耕．马克思主义历史观研究［M］．北京：北京师范大学出版社，2012．

［31］本书编写组．马克思主义基本原理［M］．北京：高等教育出版社，2021．

［32］本书编写组．毛泽东思想与中国特色社会主义理论体系概论［M］．北京：高等教育出版社，2021．

后 记

时光辗转，岁月为证。2013 年 5 月，我在中国文史出版社出版了第一部专著《马克思批判理论及其当代意蕴》，十年弹指一挥间，因博士论文选题需要和毕业成果要求，2021 年最初萌发了撰写本著作的初心，又恰逢 2022 年本著作获得了国家社会科学基金一般项目立项，于是，坚持完成了撰写书稿的任务。

他山之石，可以攻玉。本书的写作，同样是在参考同行大量研究成果基础之上完成的，在此，向学术界同行表示衷心感谢。同时，该书也得到了博士同学、研究生助理的大力支持，海南师范大学马克思主义理论学科建设的倾力相助，以及知识产权出版社兰涛编辑的精心指导，在此，也一并表示感谢。

学海无涯，任重道远。由于研究水平有限，研读文献浅薄，书中的错误观点在所难免，敬请专家学者批评指正。

前言已尽，后记为补。正值在中共海南省委党校 2023 年秋季中青年班学习期间，谨以此书献给我的家人，感谢妈妈的辛勤付出！寄以希望本月年满 6 岁的阳阳和溪溪两位小朋友向阳而生、沐光而行，山涧之溪、流水潺潺、岸芷汀兰、郁郁青青。

作　者

2023 年 10 月